Was soll ich studieren?

Was soll ich studieren?

Alle Antworten für die richtige Studienwahl

von
Patrick Ruthven-Murray

HOGREFE GÖTTINGEN · BERN · WIEN · PARIS · OXFORD · PRAG · TORONTO
CAMBRIDGE, MA · AMSTERDAM · KOPENHAGEN · STOCKHOLM

Dipl.-Kaufmann Patrick Ruthven-Murray, geb. 1976. 1997-2003 Studium der Betriebswirtschaftslehre in Augsburg und Berlin. 2004 Gründung der privaten Studienberatung planZ in Berlin gemeinsam mit zwei Partnern und seitdem Geschäftsführer von planZ.

Bibliografische Information Der Deutschen Bibliothek

Die Deutsche Bibliothek verzeichnet diese Publikation in der Deutschen Nationalbibliografie; detaillierte bibliografische Daten sind im Internet über http://dnb.dnb.de abrufbar.

© 2012 Hogrefe Verlag GmbH & Co. KG
Göttingen · Bern · Wien · Paris · Oxford · Prag · Toronto
Cambridge, MA · Amsterdam · Kopenhagen · Stockholm
Merkelstraße 3, 37085 Göttingen

http://www.hogrefe.de
Aktuelle Informationen · Weitere Titel zum Thema · Ergänzende Materialien

Das Werk einschließlich aller seiner Teile ist urheberrechtlich geschützt. Jede Verwertung außerhalb der engen Grenzen des Urheberrechtsgesetzes ist ohne Zustimmung des Verlages unzulässig und strafbar. Das gilt insbesondere für Vervielfältigungen, Übersetzungen, Mikroverfilmungen und die Einspeicherung und Verarbeitung in elektronischen Systemen.

Umschlagabbildung: © Alexander Tarasov – Fotolia.com
Satz: ARThür Grafik-Design & Kunst, Weimar
Gesamtherstellung: Druckerei Hubert & Co, Göttingen
Printed in Germany
Auf säurefreiem Papier gedruckt

ISBN 978-3-8017-2433-7

Vorwort

Gut. Es wird also ernst. Du lässt dich auf die zwei großen Fragen ein, die früher oder später nach dem Abschluss des Abiturs auftauchen:
1. Will ich studieren? Und …
2. Was will ich studieren?

Von Mediendings bis Ingenieurbumms geistern wahrscheinlich viele vage Vorstellungen über verschiedene Studiengänge durch deinen Kopf. Aber welcher Studiengang soll es nun wirklich sein, und wo kannst du dir ein Studium wirklich vorstellen, und wie teuer wird es werden und …

Ich, oder besser der Leitfaden wird dir helfen, Antworten auf diese Fragen zu finden. Auf den folgenden Seiten wirst du lernen, dich und deine Fähigkeiten besser einzuschätzen und deine Vorstellungen über das Studium zu konkretisieren. Mit Hilfe dieses Wissens wirst du eine Entscheidung für einen Studiengang treffen können.

Der Leitfaden wird dir die Angst nehmen, die oft mit dieser Entscheidung verbunden ist. Studieren ist keine Hexerei. Das Studium ist natürlich mit Arbeit verbunden. Es wird dich fordern. Aber es wird dich auch zufrieden machen und dich für deine berufliche Zukunft wappnen. Voraussetzung hierfür ist allerdings, dass du dich mit dem nötigen Respekt und einem gewissen Verantwortungsgefühl der Suche deines Studiengangs widmest. Sei also bei der Bearbeitung aller Aufgaben in diesem Leitfaden so ehrlich und so genau wie möglich, und du wirst dich am Ende des Buches sicherer fühlen, was deinen zukünftigen Lebensweg betrifft.

Auch als Autor komme ich nicht ohne Hilfe aus und deshalb danke ich insbesondere Marc Schreiber für den sprachlichen Feinschliff des Buches, Malte Eilenstein für stundenlange Gespräche über die inhaltliche Ausgestaltung, dem Hogrefe Verlag für eine sehr professionelle Betreuung und meiner Frau Petra Ruthven-Murray als sehr wertvolle Stütze und Ratgeberin.

Berlin, Januar 2012   Patrick Ruthven-Murray

Inhaltsverzeichnis

1	Gebrauchsanweisung zum Buch	11
1.1	Die Strukturierung der Informationen	12
1.2	Warum einen Leitfaden und warum ich?	13
1.3	Keine Angst vor der Studienwahl	15
1.4	Studienwahl versus Berufswahl	16

Teil 1: Informationen über dich: Hier stehst du jetzt – dort willst du hin

2	Dein Schulabschluss	21
2.1	Deine Durchschnittsnote	22
2.2	Deine Wartesemester	23
2.3	Deine Schulfächer	24
2.4	Lieblingsfächer	26
3	Fähigkeiten, Interessen, Motivation und Ziele	27
3.1	Deine Fähigkeiten	27
3.2	Deine Interessen	31
3.3	Motivation, Wünsche und Ziele	38
4	Persönliches Profil erstellen	46

Teil 2: Studienfächer und Hochschullandschaft

5	Studienort	49
6	Hochschulformen	52
6.1	Universitäten	52
6.2	Hochschulen/Universities of applied Science (ehemals Fachhochschulen)	53
6.3	Duale Hochschulen (ehemals Berufsakademien)	53
7	Rankings	55
8	Auslandsstudium	57

9	**Abschlüsse: Das Bachelor-/Master-System**	59
9.1	Bachelorabschlüsse in Deutschland	61
9.2	Masterabschlüsse in Deutschland	62
9.3	Staatsexamina	63
9.4	Die alten Abschlüsse	63
10	**Berufsaussichten**	65
11	**Finanzen und Studium**	67
11.1	Kosten	67
11.2	Finanzierung	71
12	**Studienbereiche**	80
12.1	Lehramtsstudiengänge – Zurück in die Schule!	81
12.2	Sozialwesen, Psychologie, Pädagogik und Erziehungswissenschaften – Der Mensch und wie er sich erlebt	83
12.3	Wirtschaftswissenschaften – Das Studium der Effizienz	86
12.4	Rechts- und Gesellschaftswissenschaften – Die Ordnungsgefüge des Zusammenlebens	89
12.5	Sprach-, Literatur- und Kulturwissenschaften – Lesen, lesen, lesen	92
12.6	Musik, Design und Kunst – Nur die Begabung zählt	94
12.7	Ingenieurwissenschaften – Naturwissenschaften im Praxistest	97
12.8	Mathematik und Naturwissenschaften – Logische Probleme analytisch lösen	99
12.9	Agrar-, Forst- und Ernährungswissenschaften – Exoten in der Studienlandschaft	102
12.10	Medizin – Schuften für den „Gott in Weiß"	104
13	**Auswertung Studienbereiche**	107
14	**Profil für den Studiengang erstellen**	109

Teil 3: Die Suche nach dem passenden Studiengang

15	**Wie suche ich richtig**	121
16	**Studiengänge vergleichen**	123

17	**Ein Beispiel**	126
18	**Vor- und Nachteile gegeneinander abwägen**	132
19	**Die Entscheidung**	133
20	**Bewerbung zum Studium**	134
20.1	Bewerbungsunterlagen	134
20.2	Zulassungsbeschränkt und zulassungsfrei	135
20.2.1	Zulassungsfreie Studiengänge	136
20.2.2	Örtlich zulassungsbeschränkte Studiengänge	136
20.2.3	Bundesweit beschränkte Studiengänge und Serviceverfahren Hochschulstart	136
20.2.4	Eignungsbezogene Auswahlverfahren	137
20.3	Ranglistenverfahren	137
20.4	Mythen um die Auswahlverfahren	140
20.5	Perspektiven und Zulassungsgrenzwerte	141
20.6	Tipps für die Studienbewerbung	142
21	**Schlusswort**	146

Anhang

Literatur	149
Glossar	150
Sachregister	156

1 Gebrauchsanweisung zum Buch

Du hältst hier einen Leitfaden in der Hand, der dir hilft deine Studienentscheidung von der ersten Idee bis zum konkreten Studienplatz zu verfolgen. Er wird dir helfen, deine persönlichen Stärken und Fähigkeiten einem bestimmten Studiengang zuzuordnen. Deine Aufgabe besteht darin, den Leitfaden zu füttern. Du sollst also nicht einfach nur lesen, andächtig nicken, still in dich hinein blubbern und mich für einen tollen Coach halten, sondern aktiv auf die zu treffende Entscheidung hinarbeiten. Betrachte den Leitfaden wie einen guten Lehrer, der dich fordert, der das Beste aus dir herausholen will und dem es nicht genügt, dass du einfach nur anwesend bist.

Der Leitfaden ist dreiteilig aufgebaut: Im ersten Teil „Hier stehst du jetzt – Da willst du hin" geht es um dich, und nur um dich, deine Fähigkeiten und Interessen. In dem Teil wird die Basis gelegt, von der aus dann ganz strategisch in die Hochschullandschaft vorgestoßen wird. Dieser Vorstoß erfolgt in Teil 2 – „Studienfächer und Hochschullandschaft". Dabei wird es in den ersten beiden Teilen nicht nur um Persönliches und Inhaltliches gehen, sondern auch um Finanzielles. Einkommen, Ausgaben und Wünsche für den Verdienst im späteren Beruf haben Einfluss auf die Art und Weise des Studierens. Und um dein Bewusstsein dafür zu sensibilisieren, dass dir der neue Lebensabschnitt mehr Verantwortungsbewusstsein abverlangen wird, wird dem schnöden Mammon Platz eingeräumt.

© Alexander Tarasov/Fotolia.com

Im dritten und letzten Teil – „Die Suche nach dem passenden Studiengang" – werden dann die Erkenntnisse aus den vorangegangenen Teilen zusammengeführt. In diesem Teil wird die wirkliche Entscheidung vorbereitet.

In den einzelnen Kapiteln werden dir kleine Aufgaben helfen, die Informationen direkt umzusetzen und auf dich zu beziehen. Je ernster du also die Aufgaben insbesondere in den beiden ersten Teilen nimmst, umso besser wird das Ergebnis, das im dritten Teil erarbeitet wird, auch wirklich mit dir zusammenpassen.

Für verschiedene Aufgaben sind gelegentlich Hilfsmittel notwendig. Du wirst während der Lektüre im Einzelnen benötigen:
1. Einen Stift (Von Bleistift über Kuli zum Füller, egal.).
2. Deine Schulzeugnisse (Halte sie bereit, auch wenn du das ein oder andere Zeugnis vielleicht nicht mehr gern siehst!).
3. Einen Computer/Laptop mit Internetanschluss (Das kleinste Problem, oder?).
4. Deine Eltern (Es gibt einige Aufgaben, bei denen du von ihrer Lebenserfahrung profitieren kannst, da sie ja doch schon das ein oder andere Jährchen länger auf dieser Welt weilen. Den Großteil der Aufgaben bekommst du aber allein hin.).

1.1 Die Strukturierung der Informationen

Die drei Teile dieses Leitfadens dienen dazu, die ganzen Fragen, die momentan noch unbeantwortet in deinem Kopf umherschwirren, an der richtigen Stelle einzusortieren, um sie auch in der richtigen Reihenfolge beantworten zu können.

Das Schlüsselwort hierzu heißt „Information". Nur leider gibt es zu jeder Frage viel zu viele Informationen, deren Fülle es meistens schwierig macht, die wichtigen von den unwichtigen zu unterscheiden. Um aber die Entscheidung für einen Studiengang treffen zu können, brauchst du möglichst genaue und für dich passende Informationen. Dabei geht es nicht darum, alles zu wissen, sondern nur die für dich relevanten Informationen heraus zu filtern, zu strukturieren und zu gewichten.

Du kennst das aus der Schule, von Textanalysen und Ähnlichem, und du wirst es im Studium verinnerlichen, denn die Suche nach den richtigen Informationen und ihre richtige Gewichtung werden dort als Kern wissenschaftlichen Arbeitens betrachtet. Du siehst: Ich stimme dich gleich ein auf deine Reise!

Für die Studienwahl gibt es nun drei relevante Arten von Informationen, die unterschieden werden können (vgl. Abb. 1):
1. Informationen über dich selbst.
2. Informationen über die Angebote der Hochschullandschaft.
3. Und die Schnittmenge, wie Person und Angebote der Hochschullandschaft zusammenpassen.

Um eine sichere Entscheidung fällen zu können, ist es wichtig, dass die Schnittmenge möglichst groß ist. Sammel also so genau und so umfassend wie möglich in den nachfolgenden Kapiteln Informationen zu diesen drei Bereichen.

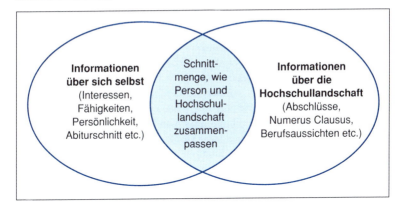

Abbildung 1: Relevante Arten von Informationen

1.2 Warum einen Leitfaden und warum ich?

Zwei berechtigte Fragen. Denn: quillt mir nicht aus dem Internet all das Informationsmaterial entgegen, das ich benötige, um mich zu informieren und um die relevanten Informationen zu finden, die mich ebenfalls zu einer Entscheidung führen?

Na klar, findest du Informationen zu vielen Themen im Internet, auch zum Thema „Studienwahl". Nur: wo findest du diese und welche Qualität haben sie?

Das Internet ist ein äußerst hilfreiches Medium, das auch in meiner täglichen Arbeit und in diesem Leitfaden eine gewisse Rolle spielt. Und du findest viele Informationen, die in diesem Leitfaden stehen, auch im Internet. Aber einige, nicht gerade unwichtige Informationen wirst du nicht im Internet finden, einfach, weil sie meinem eigenen beruflichen Wissen entstammen, das durch die jahrelange Beschäftigung mit dem Thema gewachsen ist. Wie jeder Fachmann kenne auch ich viele Kniffe und Probleme in meinem Bereich, die selten irgendwo geschrieben stehen. Und du wirst auch vergeblich nach einer strukturierten Anleitung im Internet suchen, die dich zu einer zufriedenstellenden Entscheidung führt.

Ich sehe schon, dass ich um ein paar Informationen in eigener Sache nicht herumkomme. Selbstverständlich durfte auch ich eine tolle und interessante Studentenzeit erleben. In Augsburg und Berlin habe ich mich dem Studium der

Betriebswirtschaftslehre hingegeben und dieses 2004 an der Freien Universität Berlin mit dem Titel Diplomkaufmann abgeschlossen. Und wie soll es anders sein – bereits während meines Studiums wurde ich auf das Thema Studienberatung aufmerksam. Leidvoll musste ich erleben, wie ein enger Freund nach drei Semestern sein Publizistikstudium abbrach, da er sich mit vollkommen falschen Vorstellungen in das Studium gestürzt hatte. Zu Beginn seines Studiums hatte ich das noch für eine gute Idee gehalten, obwohl natürlich auch ich keinerlei Vorstellungen davon hatte, was man bei Publizistik eigentlich so macht. Im Nachhinein betrachtet, war vollkommen klar, dass das nicht gut gehen konnte, da er weder für das Studium noch für die Form der Hochschule geeignet war. Aber so war das Kind schon in den Brunnen gefallen und ich konnte nur noch eine Schulter zum Trösten anbieten. Das hätte man ihm aber auch vorher sagen können, dachte ich, und eine Idee war geboren, die mich fortan nicht mehr loslassen sollte. Es war die eigentliche Geburtsstunde für die Studienberatungsagentur planZ, die ich dann mit zwei Partnern 2005 in Berlin gründete. Wir gehörten damit sozusagen zu den Pionieren auf dem Sektor der privaten Studienberatung in Deutschland. Wir analysierten Entscheidungsprozesse, experimentierten mit verschiedenen psychologischen Standardtestverfahren und bauten eine umfangreiche Wissensdatenbank für den Hochschulsektor auf. Über die Jahre entwickelten wir unseren Beratungsansatz immer weiter und heute kann ich sagen, dass ich für den Bereich Studienwahl und Studienmöglichkeiten in Deutschland und Europa ein sehr umfangreiches Wissen angesammelt habe. Ob ich zu den Besten gehöre, sollen andere beurteilen. Meine Kunden, also Abiturienten wie du, scheinen mit mir ganz zufrieden zu sein, denn jedes Jahr berate ich um die einhundert Studieninteressierte. Und das Feedback, das ich erhalte, sowie durch persönliche Empfehlungen zu uns gekommene Kunden, bestätigen meine Arbeit und die Vorgehensweise von planZ. Und genau das war meine Motivation, diesen Leitfaden zu erstellen.

Bücher mit dem Thema „Studienberatung" sind auf dem deutschen Markt relativ selten, und keines dieser Bücher gibt eine Anleitung. In den vorhandenen Büchern werden sehr viele Informationen zum Besten gegeben, aber diese werden nie mit den Fähigkeiten des Lesers in Verbindung gebracht. Sie erschlagen den Leser eher mit Informationen, als dass sie ihm helfen eine individuelle Auswahl zu treffen. Sie bieten keine Möglichkeiten oder Hilfestellungen für den Leser, sich selbst zu erfahren und diese Erkenntnisse in Beziehung zum Thema zu setzen.

Aber gerade dies ist das A und O einer Beratung, um den passenden Studiengang zu finden. Eine gute Hilfestellung, die diese Bezeichnung verdienen will, muss den Studieninteressierten dabei unterstützen, die richtigen Informationen zu finden, zu ordnen und ins richtige Verhältnis zueinander zu setzen. Und genau dies macht dieser Leitfaden, den du gerade in den Händen hältst. Falls du gerade im Buchladen stehst und dir bezüglich des Erwerbs dieses Buches unsicher bist, kannst du das Buch ruhig erst einmal liegen lassen und meine Aussagen überprüfen.

Du kannst dir den doppelten Weg natürlich auch sparen.

1.3 Keine Angst vor der Studienwahl

Wenn du denkst, dass der Absolvent mit Masterabschluss heute fünf Jahre Berufserfahrung, drei Fremdsprachen, eine Patentanmeldung, einen international renommierten Kulturpreis und ein Dankesschreiben des Bundespräsidenten für das soziale Engagement mit in das Bewerbungsverfahren für einen Job einbringen muss, um halbwegs akzeptabel für einen Arbeitnehmer zu sein, dann teilst du diese Sicht mit vielen Abiturienten, die zu mir in die Beratung kommen. Mit der Wirklichkeit hat das eher wenig zu tun. Natürlich suchen Firmen nach Absolventen mit guten Kenntnissen in ihrem Fach und einem Engagement, das über den Beruf hinausgeht. Vor allem suchen sie aber nach Absolventen, die selbstständig denken können und sich nicht von Fehlschlägen aus der Bahn werfen lassen. Man kann sich durchaus Fehler leisten, sofern man aus ihnen lernt und denselben Fehler nicht zweimal macht.

Ungefähr ein Viertel der Studienanfänger erkennt, dass ihr gewähltes Erststudium nicht das richtige ist, brechen es ab und beginnen ein neues. Sie haben aus ihrem Fehler gelernt. Aber das ist ein Umweg, den man sich ersparen kann. Dieser Leitfaden hilft dabei, die richtige Ausfahrt nicht zu verpassen.

In der Beratung empfehle ich Studieninteressierten, dass sie ihr Studium in erster Linie so wählen sollten, dass sich ihre Interessen und Fähigkeiten darin widerspiegeln. Das hängt ganz einfach damit zusammen, dass ein Student, der sich für die Lehrinhalte begeistern kann, eher fähig sein wird, den Einsatzwillen und die geforderte, hohe Leistung zu bringen, die das Studium einem abverlangt.

Dahinter wiederum steht eine einfache Rechnung: Wenn du etwas gefunden hast, das dir Spaß macht, wirst du gut darin sein. Selbst wenn manches schwierig erscheint (und es wird DEFINITIV einiges schwierig erscheinen), wird es dir nicht wie harte Arbeit vorkommen, eher wie das Lösen eines kniffligen

Rätsels. Und wenn du in etwas gut bist, nennt man das im Berufsleben „Kompetenz". Voila! Pluspunkt für dich auf der Bewerberliste.

Hinzu kommt, dass jemand, der gerne studiert und mag, was er da macht, in der Regel schneller fertig wird und bessere Zensuren haben wird.

Ein Absolvent der Philosophie, der mit einer 1,3 abgeschlossen hat, kann bessere Chancen auf dem Arbeitsmarkt haben als ein Maschinenbauer, der sein Studium mit einer 3,3 absolviert hat. Jede große, internationale Unternehmensberatung würde einen sehr guten Absolventen der Philosophie, wenn er auch ansonsten einen entsprechenden Lebenslauf hat (Praktika, Auslandserfahrungen, Mitarbeit in Forschungskolloquien während des Studiums etc.) zu einem Vorstellungsgespräch einladen, während ein Maschinenbau-Absolvent ohne Highlights im Lebenslauf und mit durchschnittlichen Noten sicherlich keine Einladung erhalten würde.

1.4 Studienwahl versus Berufswahl

Das Beispiel im letzten Kapitel macht das „Problem" der Studiengangsuche sehr deutlich: Ein Philosoph kann in der Unternehmensberatung landen, ohne dass ihm das bei Studienbeginn als Berufswahl vorgeschwebt hat. Wenn du anfängst zu studieren, kannst du nicht zu hundert Prozent wissen, wohin dich diese Entscheidung führen wird.

Du musst davon ausgehen, dass im Studium drei Dinge passieren werden:
1. Du wirst dich weiterentwickeln (denn je mehr Wissen du aufnimmst, desto vielschichtiger, aber auch vielfältiger wird die (Arbeits-) Welt). Das ist übrigens einer der Gründe, weshalb es das Studium gibt: die Welt braucht Leute, die weiter denken und lernen, anders zu denken.
2. Erst im Studium wirst du mit den einzelnen Abzweigungen der Disziplin vertraut, an die wiederum die vielfältigsten Tätigkeiten gebunden sind.
3. Letzter und sehr einfacher Grund: Du wirst neue Leute kennenlernen – Berufstätige, Beispielkarrieren, du wirst lernen, wie etwas funktionieren kann und was alles auf dieser Welt – Achtung, wichtig! – mit deinen Fähigkeiten gemacht werden kann, mit den Fähigkeiten und Interessen, die dich zu deinem Studium gebracht haben.

Es gibt einen klaren Unterschied zwischen Studien- und Berufswahl, der nicht allein durch die beiden Wörter „Beruf" und „Studien" deutlich wird. Die Studienwahl ist die Auswahl eines Studiengangs, während die Berufswahl die Ausübung eines konkreten Berufes betrifft. Jemand kann Jura studieren, aber er kann den Beruf eines Anwalts oder den eines Notars oder den eines Sachverständigen im Versicherungswesen ausüben. Er könnte als Angestellter des Auswärtigen Amtes Gutachten für die UNO schreiben.

Die Wahl des Studienganges ist demnach eine sehr weitreichende Entscheidung, die einen bis ins hohe Rentenalter betrifft. Doch ein Studium ist keine Berufsausbildung und man legt sich mit der Studienentscheidung auch noch nicht auf einen konkreten Beruf fest, höchstens auf eine grobe Ausrichtung.

Ein Studium ist eine wissenschaftliche Ausbildung, die Studierende und Absolventen in die Lage versetzt, komplexe Sachverhalte zu verstehen und zu bearbeiten. Der Studiengang gibt dabei den fachlichen Bezug vor.

Hinter bestimmten Studiengängen, wie z. B. Medizin, zeichnet sich der zukünftige Beruf, in diesem Fall „Arzt", deutlich ab. Ebenso verhält es sich mit dem Lehramtsstudium. Richtig, die Studenten dieses Studienganges nerven dann die Generationen nach euch.

Aber was bitte macht ein Anglist, oder schlimmer – ein Philosoph? Weiter oben habe ich den Philosophen in eine Unternehmensberatung gesetzt. Das war kein spontaner Einfall. Das war ein Beispiel aus der Arbeitswelt. Man kann überall studierte Philosophen finden: in der Wirtschaft ebenso wie im kulturellen, geisteswissenschaftlichen und im sozialen Bereich. Viele Studiengänge eröffnen sehr viele, teilweise sehr unterschiedliche Berufsperspektiven. Es ist deshalb nicht ganz so wichtig, dass man bereits zum Studienbeginn genau weiß, was man beruflich später machen will. Wer sein gewähltes Fach mag und engagiert studiert, der wird automatisch Verbindungen zum „Rest der Welt" herstellen und damit auch Chancen in der Berufswelt sichten. Geforderte Praktika im Studium, autodidaktisches Vertiefen des Fachwissens und interdisziplinäres Arbeiten werden dann das spätere Berufsfeld immer genauer definieren.

Durch das neue Bachelor-Master-Studiensystem hat die Berufswahl an zusätzlicher Flexibilität gewonnen, da nach einem erfolgreichen Bachelorabschluss mittels „nicht konsekutiver Masterstudiengänge" die Studienausrichtung verändert werden kann, um sich für neue Berufsbereiche zu qualifizieren.

So kann man beispielsweise auf einen geisteswissenschaftlichen Studienabschluss, einen wirtschaftswissenschaftlich orientierten oder einen lehramtsorientierten Master aufsetzen.

Eine Ausnahme bilden jedoch die vom Staat regulierten Berufe wie Ärzte, Lehrer oder Rechtsanwälte. Um diese Berufe ausüben zu dürfen, muss ein vorgegebenes Studium mit Staatsexamen absolviert werden.

Die Studienwahl ist also klar vor der Berufswahl anzusiedeln, und daher solltest du dich zuerst mit dieser beschäftigen, bevor du zur Berufswahl übergehst. Leider wird das oft falsch gemacht, in der Regel aus einem einzigen Grund: Die Entscheidung wird danach ausgerichtet, ob an einen Studiengang ein Beruf mit sehr guten Berufsaussichten oder Einstiegsgehältern gekoppelt ist. Gedanklich haben diese Studieninteressierten das Studium bereits übersprungen, ohne sich mit den konkreten Studienanforderungen beschäftigt zu haben. Dadurch kommen viele Ingenieurbereiche, die gerne auf Grund der hervorragenden Berufsaussichten gewählt werden, auf Abbruchquoten von bis zu 50 %. Andererseits können Interessierte der Anglistik oder Germanistik, die von vornherein die Lehramtsoption wählen und „nur" den Lehrerberuf in Erwägung ziehen, mit dieser Entscheidung vollkommen auf dem Holzweg sein. Denn im Lehrerberuf ist das fachliche Interesse an einem bestimmten Themenbereich zwar von Vorteil, in der Ausübung des Berufes ist dann aber erziehungswissenschaftliches Interesse und pädagogisches Können viel stärker gefragt. Frage einmal deine alten Lehrer, ob sie sich den „Job" so vorgestellt haben oder frage etwas frecher, ob sie gerne mit Kindern und Jugendlichen zu tun haben.

Es sollte klar geworden sein, worum es hier geht, und du weißt jetzt auch, was dich auf den kommenden Seiten erwartet. Der Leitfaden gibt den Rahmen vor, denken wirst du selbst. Aber keine Angst, es wird schon nicht weh tun!

Teil 1

Informationen über dich:
Hier stehst du jetzt – dort willst du hin

Wer bin ich und wenn ja wie viele? Antworten auf Fragen zu deiner Person können nur von dir kommen. Du kennst dich am besten und in diesem Teil stehen deine Person, deine Wünsche und Interessen im Mittelpunkt. Damit du dich aber nicht in den Tiefen deines Selbst verlierst, werde ich dich nur durch die Bereiche leiten, die für die Studienwahlentscheidung von Belang sind. Abgesehen von der Hilfestellung für die Entscheidung, dient diese Arbeit ebenfalls der Überprüfung, ob die geplante Umsetzung auch realistisch ist und tatsächlich zum angestrebten Studien- und Berufsziel passt.

Folgende Aspekte sind wichtige Bestandteile für das Persönlichkeitsprofil, das sich auf den nächsten Seiten herauskristallisieren wird:
- Dein Schulabschluss mit Abschlussnote und möglicher Wartezeit zwischen Schulabschluss und Studium.
- Deine schulischen Erfahrungen (Profil- oder Leistungsfächer in der Oberstufe, Lieblingsfächer, ungeliebte Fächer, etc.).
- Erfahrungen, die du außerhalb des Schulalltages sammeln konntest.
- Deine persönlichen Fähigkeiten.
- Deine Interessen.
- Deine Motivation.
- Deine Wünsche und Ziele.

2 Dein Schulabschluss

In der deutschen Schullandschaft gibt es verschiedene Abschlüsse, die bestimmte Studiengänge ermöglichen und andere ausschließen. Die erste Frage zielt daher auf deinen Schulabschluss und darauf, zu welchem Bildungsgang er dich berechtigt. In Deutschland werden folgende Schulabschlüsse als Hochschulzugangsberechtigung (HZB) anerkannt:

- **Allgemeine Hochschulreife (Abitur)**, als allgemeine Hochschulzugangsberechtigung für alle Studiengänge an allen Universitäten und Hochschulen in Deutschland.
- **Fachgebundene Hochschulreife (fachgebundenes Abitur)**, als eingeschränkte Hochschulzugangsberechtigung für bestimmte Studienfächer an Universitäten, an Hochschulen/Fachhochschulen und Dualen Hochschulen/Berufsakademien.
- **Fachhochschulreife**, als allgemeine Hochschulzugangsberechtigung an Hochschulen und Dualen Hochschulen. In bestimmten Bundesländern berechtigt die Fachhochschulreife auch zu einem Studium an einer Universität.

Bevor du dich für einen Bildungsgang entscheidest, überprüfe, ob dich dein Abschluss für ein Studium in diesem Studiengang berechtigt und du die Zugangsmindestvoraussetzung erfüllst. Eine erste Orientierungshilfe soll dir die folgende Tabelle geben:

Tabelle 1: Für welche Hochschulart ist welche Hochschulzugangsberechtigung (HZB) notwendig?

Hochschulart	Schulabschluss		
	Abitur	Fachgebundene Hochschulreife	Fachhochschulreife
Universitäten	Ja	Unter Umständen	Unter Umständen
Technische Universitäten	Ja	Unter Umständen	Unter Umständen
Musik- und Kunsthochschulen	Ja	Unter Umständen	Unter Umständen
Pädagogische Hochschulen	Ja	Unter Umständen	Unter Umständen
Fachhochschulen	Ja	Ja	Ja
Duale Hochschule	Ja	Ja	Ja
Kirchliche Hochschulen	Ja	Ja	Ja

Notiere in Feld 1, über welche Art der Hochschulzugangsberechtigung (HZB) du verfügst:

Feld 1: Art der HZB: Abitur

2.1 Deine Durchschnittsnote

Du weißt jetzt, an welchen Bildungseinrichtungen du studieren kannst. Der nächste Schritt dient der Feststellung deiner Durchschnittsnote. Letztlich musst du diese nur von deinem Abiturzeugnis ablesen und in das entsprechende Feld eintragen. Wenn du deinen Abschluss noch nicht in der Tasche hast, setze in das Feld die Durchschnittsnote ein, die voraussichtlich auf deinem Abschlusszeugnis stehen wird. Oder viel besser: Setze die Note ein, die du gerne hättest und die dich anspornt, nicht mehr zu viele Stunden zu schwänzen und zusätzlich zum normalen Pensum eine Stunde länger zu lernen!

Feld 2: Durchschnittsnote der HZB: 1,8

Warum die Durchschnittsnote wichtig ist? Gute Frage. Die Durchschnittsnote ist eines der wichtigsten Kriterien in der Studienplatzwahl, denn heute sind viele Studiengänge zulassungsbeschränkt (vgl. hierzu auch das Kapitel 20.2). Das heißt nichts anderes, als dass die Hochschule oder eine zentrale Einrichtung, die für die Vergabe des Studienplatzes verantwortlich ist, ein Auswahlverfahren auf Grundlage der Durchschnittsnote durchführt. Vereinfacht gesagt: Eine gute Durchschnittsnote bedeutet gute Chancen, sofort angenommen zu werden. Die Hochschulen sind zum Teil aus ganz pragmatischen Gründen dazu gezwungen, da es in vielen Studiengängen zu viele Bewerber für die begrenzte Anzahl von Studienplätzen gibt.

Mit einer 3,0 und selbst mit einer 2,5 als Durchschnittsnote ist es unwahrscheinlich auf dem Weg der einfachen Bewerbung einen Platz für ein Psychologiestudium zu bekommen. Da bleibt dann nur noch die Klage oder das einfache „Warten", wozu wir später noch kommen werden. Auch die Wahl des Studienortes kann durch die Durchschnittsnote beeinflusst werden, denn gerade in attraktiven Großstädten wie Berlin, Hamburg und München ist oft eine bessere Durchschnittsnote für denselben Studiengang nötig als in anderen Städten.

Eine „gute" – und noch besser eine „sehr gute" (alles unter 1,5) – Durchschnittsnote sollte jede(r) anstreben. Einmal gibt es dann größere Belohnungen von den Verwandten, wenn man das Abi abgeschlossen hat, und es macht Dinge – wie eben die Hochschulbewerbung – unkomplizierter. Aber auch wenn es nicht ganz zu einem „gut" oder „sehr gut" gereicht hat, ist damit noch nicht alles verloren, wie du gleich sehen wirst.

2.2 Deine Wartesemester

Du wirst noch mitbekommen, dass ich Volksweisheiten mag, und keine Volksweisheit trifft besser auf das Thema „Wartesemester" zu wie „Gut Ding will Weile haben". Wartesemester können das Tor zum favorisierten Studiengang sein, man muss nur, du hast es erraten, warten können.

Wartesemester fallen automatisch und ohne jedes Zutun ab dem Tag an, an dem man das Abiturzeugnis erhalten hat. Danach zählt jedes volle Semester (Sommersemester: 1. April bis 30. September; Wintersemester 1. Oktober bis 31. März) als Wartesemester, in dem man nicht an einer deutschen Hochschule immatrikuliert ist. Wenn du also im Sommer deinen Abschluss machst, dann erst einmal in die Ferien fährst, den ganzen Herbst Kastanienmännchen bastelst, nach Weihnachten in den verlängerten Winterurlaub fährst und am Ende der Schneesaison am 1. April des Folgejahres wieder nach Hause kommst, hast du bereits dein erstes Wartesemester.

Für die Studienbewerbung ist es in den meisten Fällen egal, was du zwischen dem Abitur und der Studienbewerbung gemacht hast. Auch die Häufigkeit oder die Anzahl von Bewerbungen haben keinen Einfluss auf die Anrechnung von Wartesemestern.

> **Wichtig:**
> Aber unter KEINEN Umständen darfst du dich für irgendein Hochschulstudium, in dem es keine Zulassungsbeschränkung gibt, in Deutschland einschreiben, wenn du Wartesemester sammeln musst. Dieses sogenannte „Parkstudium" ist kontraproduktiv, wenn du für einen bestimmten Studiengang genommen werden willst und für diesen eine bestimmte Anzahl an Wartesemestern benötigst. Oft wird dieses „Parkstudium" aber begonnen, um weiterhin Kindergeld zu beziehen und günstig krankenversichert zu sein. Im „Parkstudium" werden aber KEINE Wartesemester gesammelt.

Grundsätzlich kann also gesagt werden: Wer lang genug wartet, erhält irgendwann immer einen Studienplatz.

Was du in der Zwischenzeit tun sollst? Wie wär's denn mit arbeiten?

Notiere in Feld 3 die Anzahl deiner bereits angesammelten Wartesemester:

Feld 3: Wartezeit:

2.3 Deine Schulfächer

Einerseits können deine Profil- und Leistungskurse bereits eine grobe Richtung für die Studienwahl vorgeben, denn du wirst sie damals nicht grundlos gewählt haben. Falls deine Entscheidung für oder gegen einen Leistungskurs mit einem Lehrer oder deiner Bequemlichkeit zu tun hatte oder falls während deines Abiturs eine Abneigung gegen ein Fach entstanden ist, beziehe das bitte in deine Überlegungen mit ein. So erlebe ich oft, dass die Leistungskurse gewählt wurden, in denen die besten Noten erzielt werden konnten. Gut für die Durchschnittsnote – eventuell nachteilig für das Studium.

Denn andererseits gibt es bestimmte Studiengänge und Hochschulen, die für ihre Auswahl der Studierenden besondere Fächer berücksichtigen. So werden in den Auswahlverfahren der Hochschulen für das Medizinstudium mittlerweile an vielen Universitäten die Leistungen in den naturwissenschaftlichen Fächern stärker gewichtet.

Mathematik ist zum Beispiel nicht nur für angehende Mathematiker von Bedeutung, sondern auch für Ingenieure und alle Studiengänge, in denen Statistik Bestandteil des Studiums ist, zu denen gehören beispielsweise auch Soziologie und Psychologie. Mathe, und das soll bitte als nett gemeinte Warnung verstanden werden, ist als „Todesfach" bekannt. Durchfallquoten von 50 bis 60 Prozent in den Mathematikgrundlagen sind in vielen Studiengängen keine Seltenheit. Falls du im Abitur die Fächerkombination Kunst/Sport hattest und nun Bauingenieur werden willst, rate ich dir, den einen oder anderen Mathekurs an der Volkshochschule zu besuchen und nicht den ganzen Herbst nur Kastanienmännchen zu basteln.

Die Wahl der Leistungskurse hat also eine Auswirkung auf die Studien- und Berufswahl und stellt für bestimmte Studiengänge eine gute Voraussetzung dar, da in den Leistungskursen im Vergleich zu den Grundkursen zusätzliches Wissen vermittelt wird.

Tabelle 2 gibt einen Überblick, welche Schulfächer inhaltlich zu welchen Studienbereichen am ehesten passen.

Tabelle 2: Mögliche Passung zwischen Schulfach und Studienbereich

Schulfächer	Mögliche Studienbereiche die dazu passen
Mathematik	Wirtschaftswissenschaften, Sozialwesen, Psychologie, Pädagogik und Erziehungswissenschaften, Ingenieurwissenschaften, Mathematik und Naturwissenschaften, Agrar-, Forst- und Ernährungswissenschaften
Deutsch	Sozialwesen, Psychologie, Pädagogik und Erziehungswissenschaften, Rechts- und Gesellschaftswissenschaften, Sprach-, Literatur- und Kulturwissenschaften,
Sprachen	Sprach-, Literatur- und Kulturwissenschaften
Geschichte	Rechts- und Gesellschaftswissenschaften, Sprach-, Literatur- und Kulturwissenschaften
Gemeinschaftskunde	Wirtschaftswissenschaften, Rechts- und Gesellschaftswissenschaften
Religion/Ethik/Philosophie	Rechts- und Gesellschaftswissenschaften, Sprach-, Literatur- und Kulturwissenschaften
Geographie	Wirtschaftswissenschaften, Rechts- und Gesellschaftswissenschaften, Mathematik und Naturwissenschaften
Sport	Sozialwesen, Psychologie, Pädagogik und Erziehungswissenschaften, Medizin
Chemie	Ingenieurwissenschaften, Mathematik und Naturwissenschaften, Agrar-, Forst- und Ernährungswissenschaften, Medizin
Informatik	Wirtschaftswissenschaften, Musik, Design und Kunst, Ingenieurwissenschaften, Mathematik und Naturwissenschaften
Physik	Ingenieurwissenschaften, Mathematik und Naturwissenschaften, Agrar-, Forst- und Ernährungswissenschaften, Medizin
Pädagogik/Psychologie	Sozialwesen, Psychologie, Pädagogik und Erziehungswissenschaften
Bildende Kunst	Sprach-, Literatur- und Kulturwissenschaften, Musik, Design und Kunst
Musik	Sprach-, Literatur- und Kulturwissenschaften, Musik, Design und Kunst
Biologie	Ingenieurwissenschaften, Mathematik und Naturwissenschaften, Agrar-, Forst- und Ernährungswissenschaften, Medizin
Technik	Ingenieurwissenschaften, Agrar-, Forst- und Ernährungswissenschaften
Wirtschaft	Wirtschaftswissenschaften, Rechts- und Gesellschaftswissenschaften

Notiere in den folgenden Feldern deine Leistungs- bzw. Prüfungskursfächer:

Feld 4: Leistungs-/Prüfungskurs 1: *Bio*

Feld 5: Leistungs-/Prüfungskurs 2: *Englisch*

Feld 6: Leistungs-/Prüfungskurs 3: *Latein*

2.4 Lieblingsfächer

Wir gehen einmal davon aus, dass du die Schule nicht nur gehasst hast und du das eine oder andere Fach sogar ganz gut leiden konntest. Wir nennen diese Fächer mal „Lieblingsfächer". Oftmals decken sich Lieblingsfächer mit den gewählten Leistungs- und Prüfungskursen. Dennoch gibt es die Möglichkeit, dass jemand ein Lieblingsfach hatte, das er nicht im Abitur berücksichtigen konnte, weil es zum Beispiel gar nicht angeboten wurde. Welche waren deine Lieblingsfächer? Wo konntest du sogar nonchalant über den unsympathischen oder untalentierten Lehrkörper hinweg sehen? Notiere deine Lieblingsfächer in den folgenden Feldern. Doppelungen zu den Feldern 4 bis 6 sind erlaubt.

Feld 7: Lieblingsfach 1: *Biologie*

Feld 8: Lieblingsfach 2:

3 Fähigkeiten, Interessen, Motivation und Ziele

Das Faktenmaterial zu deiner Person hast du jetzt zusammengetragen, jetzt nähern wir uns deinem Innenleben. Dies tun wir teilweise durch einfache Fragen. Denn in den Beratungsgesprächen habe ich festgestellt, dass es meist leichter fällt, auf vorgegebene Fragen zu antworten – etwa auf die Frage „Würdest du dich als introvertiert oder extrovertiert beschreiben?" oder auf die Frage „Bist du gut in Mathe?" – ja oder nein. Solche Fragestellungen kann jeder für sich schnell und meist sehr zutreffend beantworten.

Du wirst mit Hilfe der Fragen ein persönliches Profil von dir erstellen, das dir hilft, der Berufs- und Studienwahl eine klare Richtung zu geben. Du solltest versuchen, dich selbst so realistisch wie möglich einzuschätzen. Es kann, ich wiederhole, es KANN hilfreich sein, deine Mutter und deinen Vater bei einzelnen Fragen um eine Einschätzung zu bitten. Die Hilfe der Eltern wird in diesem Teil sowieso noch gebraucht. Sie sollten also am besten auf Abruf ansprechbar sein, schließlich geht es um die Zukunft ihres Kindes.

3.1 Deine Fähigkeiten

Fähigkeiten zeigen an, dass man etwas gut kann und einem dieses „Etwas" relativ leicht von der Hand geht. Dies zu messen oder zu beurteilen ist allerdings oft nicht so einfach. Auch wenn dir das vielleicht nicht gefällt, werden wir uns in diesem Fall hauptsächlich an deinen Schulnoten orientieren, selbst wenn du für eine schlechte Zensur gern den Lehrer verantwortlich machen willst. Aber seien wir mal ehrlich: Wer zwei Jahre lang stets nur sieben Punkte in Sport erreicht hat, ist vielleicht doch nicht der geborene Athlet, für den der Vater ihn oder sie gerne hält. Der Wunsch Sportwissenschaft zu studieren sollte in diesem Fall eventuell durch Alternativen ergänzt werden.

Zensuren zeigen die Bewertung von Fähigkeiten an. Sie können somit als mehr oder weniger objektive Richtlinie eine Tendenz anzeigen, die sich in der Schule über mehrere Jahre hinweg festigen oder nicht festigen konnte.

Folgende Fähigkeiten haben wir dabei als relevant für die Studien- und Berufswahl definiert:
- **Mathematische Fähigkeiten:** Bist du in der Schule immer gut in Mathe gewesen oder ist dir die Mathematik immer wie ein Buch mit sieben Siegeln

vorgekommen? Kannst du neue Aufgaben in der Mathematik begreifen und einen Lösungsweg selbstständig suchen oder brauchst du eine längere Einweisung? Hast du ein gutes Empfinden für Zahlen? Fällt es dir leicht, Alltagssituationen zahlenmäßig einzuschätzen, z. B. das Abschätzen des Gesamtwerts deines Einkaufs an der Kasse? *[Nö]*

- **Sprachliche Fähigkeiten:** Wer gute Noten in Deutsch hatte, aber auch in Geschichte, Gemeinschaftskunde oder anderen Fächern, in denen Textinterpretationen im Vordergrund stehen, verfügt meist über gute sprachliche Fähigkeiten. Kannst du gut schreiben und formulieren? Du konntest schon immer gut und relativ schnell lesen und hast keine Probleme damit, auch verschiedene Sprachstile wie den wissenschaftlichen Stil oder Amtsdeutsch zu verstehen? Bist du gut darin, die Bedeutung von abstrakten Texten nachzuvollziehen oder Gedichte zu interpretieren? *[Ja]*

- **Fremdsprachliche Fähigkeiten:** Sind deine Noten in den Fremdsprachen immer überdurchschnittlich oder sehr gut gewesen? Kannst du Texte in einer Fremdsprache leicht verstehen und interpretieren? Es fällt dir leicht, eine neue Sprache zu erlernen? Du hast keine oder so gut wie keine Hemmungen, in einer anderen Sprache zu sprechen? Kaufst du dir manchmal Bücher in einer anderen Sprache, oder siehst du dir Filme im Original an? *[Ja]*

- **Naturwissenschaftliche Fähigkeiten:** Fiel es dir auch ohne riesigen Lernaufwand leicht, gute Noten in den naturwissenschaftlichen Fächern wie Biologie, Chemie und Physik zu schreiben? Bist du immer ohne große Schwierigkeiten im Unterricht mitgekommen, während andere im Unterricht total auf dem Schlauch standen? Beschäftigten dich die Themen der naturwissenschaftlichen Fächer auch außerhalb des Unterrichts, so dass du weiter recherchiert hast? Hast du das selbst erarbeitete Wissen in schulische Vorträge/Arbeiten mit einbezogen? Liest du bereits Fachzeitschriften oder populärwissenschaftliche Bücher zu naturwissenschaftlichen Themen? *[Ja]*

- **Technische Fähigkeiten:** Du hattest mindestens „gute" Zensuren in Physik und Informatik? Vor allem Physik fiel dir leicht, wenn es um elektrische und mechanische Themen geht? Und in Kunst hat dich vor allem der Modellbau, das praktische Arbeiten mit Materialien und weniger die „Aussage" interessiert? Bist du bei technischen Geräten stets auf dem neuesten Stand? Hast du Möglichkeiten in der Schule wie eine „Arbeitsgemeinschaft" genutzt, wenn sie sich mit technischen Inhalten oder mit Computerprogrammierung beschäftigt haben? Liest du Fachzeitschriften, z. B. über Modellbau, Computer oder Automobilbau? *[Ja]* *[Nö]*

- **Musische Fähigkeiten:** War deine Zensur in Musik durchgehend „sehr gut"? Kannst du Noten lesen und Partituren interpretieren? Spielst du bereits seit Jahren ein Instrument oder singst und bist schon lange in einer Band, einem

Orchester oder einem Chor? Hast du oft ein zu lernendes Lied als Erste(r) vorgesungen oder den Lehrer auf einem Instrument begleitet? Hast du Themen aus dem Unterricht zu Hause weiterrecherchiert und die Anregungen der Lehrkraft für die Besuche von Konzerten wahrgenommen? Dir fällt es leicht, verschiedene Stile und Musikepochen zu unterscheiden?

a

- **Künstlerische Fähigkeiten:** Kunst war in der Schule nie ein Problem für dich und deine Noten waren immer „sehr gut"? Du warst in Zeichnen, Malen oder dem Herstellen von Plastiken gleichermaßen erfolgreich? Du hattest bei den meisten Fragestellungen oder Aufgaben sofort verschiedene Ideen, wie etwas künstlerisch umgesetzt werden kann? Dir wird ein gutes Gespür für Proportionen und Farbzusammenstellung attestiert? Du hast Anregungen der Lehrkräfte für den Besuch von Ausstellungen gerne angenommen? *Ja*

- **Sportliche Fähigkeiten:** Bist du sportlich? Waren deine Sportzensuren die gesamte Schulzeit hindurch mindestens immer „gut"? Und dabei warst du nicht nur in den Ballsportarten gut, sondern auch in anderen Disziplinen wie Leichtathletik, Schwimmen oder Tanzen? Du wirst als eine(r) der ersten in die Mannschaft gewählt? Hast du dich bei der Lehrkraft nach kleinen Tricks und Details erkundigt, wie bestimmte Leistungen verbessert werden können oder hast du mit deinen Mitschüler(innen) über die angewandten Techniken diskutiert? *Ja*

- **Gesellschaftswissenschaftliches Verständnis:** Dir lagen Fächer wie Wirtschaft, Politik, Philosophie und Ethik? Du konntest dich in diesen Fächern immer einbringen und hast gute bis sehr gute Leistungen gezeigt? Du liest gerne die Tageszeitung und verfolgst Themen aus Wirtschaft und Politik in den Medien und hast auch eine Meinung dazu? Warst du in deiner Schule in den Schulgremien wie z. B. dem Schülerrat aktiv oder hast du bei der Schulzeitung mitgearbeitet? *Ja*

- **Kommunikative Fähigkeiten:** Du konntest durch deine mündlichen Schulnoten oder durch Referate deinen Notenschnitt in der Schule oft verbessern? Du kannst relativ frei sprechen und brauchst nur wenige Hilfsmittel um eine Präsentation durchzuführen? Du kannst „reden wie ein Buch"? Du hast keine oder nur anfänglich Hemmungen, wenn du vor einem Publikum wie deiner Klasse reden musst? *Ja*

- **Konzentrationsfähigkeit:** Wenn du für eine Klausur gelernt hast, fiel es dir dann leicht, dich einen ganzen Nachmittag nur auf das Lernen zu konzentrieren? Du lässt du dich weder von deinem Handy, dem Computer oder dem Fernseher ablenken? Du schaust auch nicht aus dem Fenster und hängst Tagträumen hinterher, sonder erledigst zielstrebig und effizient das, was getan werden muss, auch dann, wenn dich ein Thema überhaupt nicht interessiert? *Nein*

Bitte schätze deine Fähigkeiten in Tabelle 3 selbst ein. Als Grundlage zur Bewertung solltest du deine Schulnoten hinzuziehen. Dabei geht es jedoch nicht um die absolute Note, sondern um das Verhältnis deiner Noten zueinander. Hattest du beispielsweise in Mathematik fast immer eine 2 erreicht und in deinen übrigen Fächern eher schlechtere Ergebnisse, solltest du deine mathematischen Fähigkeiten hier als überdurchschnittlich einschätzen. Hast du hingegen ansonsten im Gesamtschnitt eine 1,5 erreicht, solltest du deine mathematischen Fähigkeiten als unterdurchschnittlich einschätzen. Kreuze entsprechend deine Fähigkeiten an:

Tabelle 3: Fähigkeiten einschätzen

Fähigkeit	unterdurchschnittlich	durchschnittlich	überdurchschnittlich
Mathematische Fähigkeiten	☐	☒	☐
Sprachliche Fähigkeiten	☐	☐	☒
Fremdsprachliche Fähigkeiten	☐	☐	☒
Naturwissenschaftliche Fähigkeiten	☐	☐	☒
Technische Fähigkeiten	☐	☒	☐
Musische Fähigkeiten	☐	☐	☒
Künstlerische Fähigkeiten	☐	☐	☒
Sportliche Fähigkeiten	☐	☒	☐
Gesellschaftswissenschaftliches Verständnis	☐	☐	☒
Kommunikative Fähigkeiten	☐	☐	☒
Konzentrationsfähigkeit	☐	☐	☒

Welche der oben aufgeführten Fähigkeiten sind deine stärksten? Bitte notiere die vier stärksten Fähigkeiten aus der obigen Tabelle:

Feld 9: Stärkste Fähigkeit: Fremd- Sprache, Naturwissenschaft

Feld 10: Zweitstärkste Fähigkeit:

Feld 11: Drittstärkste Fähigkeit:

Feld 12: Viertstärkste Fähigkeit:

3.2 Deine Interessen

Während Interessen Einfluss auf die Wahl der Profilfächer haben können, prägen sie im außerschulischen Bereich Aufmerksamkeit für und Anteilnahme an bestimmten Lebensbereichen. Gerade in der Freizeit können sich in Form von Hobbys die Interessen etablieren, zu denen man ohne Druck oder Zwang, aus innerem Antrieb heraus gelangt ist.

Vielleicht war anfänglich etwas elterlicher Druck vorhanden, aber nun sind es Freizeitaktivitäten, denen du gerne nachgehst, die dir Freude bereiten und bei denen du die Beschäftigung mit ihnen nicht als lästige Pflicht empfindest. Was ist es bei dir? Was macht dir Spaß? Hängst du jede freie Minute auf dem Bolzplatz ab? Nimmst du jede Ausstellung mit, die in deiner Stadt präsentiert wird? Weißt du alles über die mittelalterlichen Barden Deutschlands? Machst du für alle deine Verwandten die Steuererklärung und holst enorme Rückzahlungen heraus?

Deine Interessen sollten bei der Studienwahl unbedingt berücksichtigt werden, denn deine Entscheidung für einen Studiengang wird eine Weiche stellen, die für viele Jahre und wahrscheinlich Jahrzehnte richtungsweisend sein wird. Denn es sei dir gesagt, auch wenn dir die Schulzeit wie eine Ewigkeit vorgekommen sein mag, dass noch das ein oder andere Jährchen vor dir liegt. Daher wäre es unklug, sich zu Dingen zu zwingen, die einem überhaupt nicht liegen (vgl. Abb. 2).

Außerdem gehen zukunftsorientierte Firmen immer mehr dazu über, die Bedürfnisse von Menschen auch am Arbeitsplatz stärker wahrzunehmen, da sie erkannt haben, dass ein zufriedener Angestellter bessere Leistungen erbringt. Mit dieser Einstellung kann man bereits im Studium anfangen. Ein Absolvent, der, wie es so schön heißt, richtig für eine Sache „brennt", bringt etwas mit, was immer größere Bedeutung erhält – Engagement. Es ist kein Geheimnis, dass das aus Firmensicht natürlich nicht unbedingt selbstlos ist. Engagierte

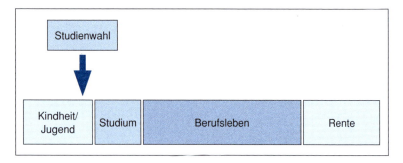

Abbildung 2: Zeitpunkt Studienwahl

Mitarbeiter sind eher bereit, eine Überstunde zu machen, wenn das Projekt gut werden soll. Aber warum auch nicht? Darüber hinaus bedeutet das für dich selbst, dass du einen Job hast, der dir Spaß macht und dich nicht jeden Montag fluchen lässt.

Abgesehen von diesen Vorteilen im späteren Berufsleben, wird dich Engagement leichter durch schwierige Phasen deines Studiums geleiten, die definitiv kommen werden.

Interessen haben einen maßgeblichen Anteil daran, ob du in Studium oder Beruf Freude erfährst oder nicht. Das sollte, wie die anschließende Grafik zeigt, nicht unterschätzt werden, da das Berufsleben einen Großteil deines Lebens bestimmt.

Um deine Interessen zu strukturieren, greifen wir auf ein Modell zurück, dass Interessen in sechs Grundorientierungen einteilt – das sogenannte RIASEC-Modell. Das RIASEC-Modell wurde Ende der 1970er Jahre vom amerikanischen Psychologen John L. Holland entwickelt (vgl. Holland, 1997, vgl. Bergmann & Eder, 2005). Wie alle Modelle kann es nicht mehr sein als eine Orientierungshilfe, die aber genau das geben kann – Orientierung.

Nach Hollands Theorie gibt es in unserer Kultur sechs grundlegende Persönlichkeitsorientierungen, die vorwiegend im Berufsleben, aber auch in allen anderen Lebensbereichen bevorzugt umgesetzt werden. „Reine" Vertreter eines Typus existieren dabei nicht. Jeder von uns zeigt Merkmale mehrerer Typen. Studiengang- und Berufswahl sind bedingt durch diese allgemeinen Wesensmerkmale einer Person. Person und Studiengang/Beruf passen dann am besten zusammen, wenn die individuelle Orientierung mit der Orientierung des Studiengangs/Berufes übereinstimmt. Hollands Modell basiert zum Teil darauf, dass die berufliche oder universitäre Umwelt von Menschen geprägt wird, die in ihr arbeiten, und diese Umwelt im Umkehrschluss bestimmte Menschen anzieht oder bewusst abstößt. Ist die Kongruenz zwischen Person und Umwelt gegeben, entwickeln sich entsprechend positiv Arbeitszufriedenheit, beruflicher Erfolg und Karriereprozess.

In seinem Modell ordnet Holland die von ihm identifizierten Persönlichkeitsorientierungen in einem Sechseck an (vgl. Abb. 3). Dabei finden sich für nebeneinander liegende Interessen leicht Berufs- und Studienfelder, wobei sich für im Sechseck diametral gegenüber liegende Interessen oft schwieriger Berufs- und Studienfelder finden lassen. Die sechs Interessensorientierungen sind:
- **R (Realistic):** praktisch-technische Orientierung.
- **I (Investigative):** intellektuell-forschende Orientierung.
- **A (Artistic):** künstlerisch-sprachliche Orientierung.
- **S (Social):** soziale Orientierung.
- **E (Enterprising):** unternehmerische Orientierung.
- **C (Conventional):** konventionelle-traditionelle Orientierung.

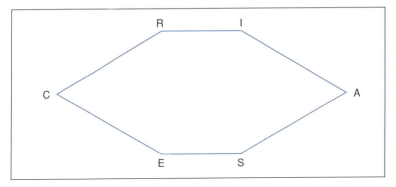

Abbildung 3: Das RIASEC-Modell von Holland (vgl. Holland, 1997)

Realistic – praktisch-technische Orientierung

Menschen mit dieser Grundorientierung arbeiten gerne mit Werkzeugen, Maschinen oder ihren Händen und bevorzugen Tätigkeiten, die zu konkreten, „handfesten" Ergebnissen führen. Sie ziehen konkrete Dinge, traditionelle Werte und praktische Lösungen vor. Geld, Macht und Status haben eine gewisse Bedeutung für diese Menschen. Sie zeigen Fähigkeiten im mechanischen, technischen, elektrotechnischen und landwirtschaftlichen Bereich und können mit erzieherischen oder sozialen Aktivitäten weniger anfangen.

Bist du ... praktisch, direkt, mit technischem Verstand ausgerüstet, naturliebend, ökonomisch, technisch interessiert, ausgeglichen, beständig, reserviert, kontrolliert, hartnäckig?

Magst du ... das Ausprobieren von Maschinen und Fahrzeugen, im Freien arbeiten, deine Hände zur Arbeit einsetzen, körperlich aktiv sein, Dinge bauen, Tiere pflegen oder sie trainieren, mit elektronischen Bauteilen arbeiten?

Eine praktisch-technische Orientierung könnte sich zum Beispiel dadurch ausdrücken, dass du gern an deinem Rechner bastelst, du dein Mofa auf 60 PS frisiert hast, du deinen Eltern die Schrankwand im Wohnzimmer geschnitzt hast, du euren Garten jedes Frühjahr selbst bepflanzt oder du dich, neben dem Reiten, verantwortungsvoll um das Pferd kümmerst.

Investigative – intellektuell-forschende Orientierung

Menschen mit dieser Grundorientierung schätzen Intelligenz, Aus- und Weiterbildung, Logik und Lernen. Sie mögen abstrakte Ideen, innovative Lösungen und beobachten und analysieren gerne. Sie bevorzugen Aktivitäten, bei denen durch systematisch-analytisches Vorgehen naturwissenschaftliche aber auch soziokulturelle Phänomene beschrieben und dargestellt werden. Ihnen werden mathematische und naturwissenschaftliche Fähigkeiten zugeschrieben. Intellektuelle Probleme werden selbstständig und mit Hilfe gut durchdachter Konzepte gelöst. Menschen mit dieser Orientierung können in der Regel andere Ansichten gut akzeptieren und bilden sich erst nach einigem Abwägen eine Meinung.

Bist du ... wissbegierig, neugierig, ausdauernd, geduldig, ehrgeizig, konzentriert, clever, von schneller Auffassungsgabe, analytisch, detailverliebt, experimentierfreudig?

Magst du ... knifflige Aufgaben lösen, um die Ecke denken, drei Schritte voraus denken, abstrakte Themen, Dingen auf den Grund gehen, Details, Perfektionismus?

Eine intellektuell-forschende Orientierung kann sich dadurch zeigen, dass du in all den Bibliotheken deiner Stadt mit Vornamen bekannt bist, du jedes Jahr am „Jugend-forscht"-Wettbewerb teilnimmst, du in einem Jugendzentrum eine naturwissenschaftliche Arbeitsgemeinschaft besuchst oder du eine selbst angelegte Schmetterlingssammlung besitzt. Du gibst dich in der Regel meist nie mit der erstbesten Antwort zufrieden und fragst immer fünfmal nach, wofür dich so mancher Lehrer hasste.

Artistic – künstlerisch-sprachliche Orientierung

Menschen mit dieser Grundorientierung bevorzugen offene und unstrukturierte Tätigkeiten. Sie sehen sich als frei, intuitiv und kreativ. Sie legen hohen Wert auf Ästhetik und Design und zeigen Fähigkeiten im sprachlichen, musischen und künstlerischen Bereich. Oft haben diese Menschen originelle Zugänge zur Welt oder zu bestimmten Problemen. Sie sind sehr „umtriebig" und an ihrer kulturellen Umwelt interessiert, wobei sie vor allem von Kunst, Schauspiel, Literatur, Design, Mode, Kultur und Philosophie angezogen werden. Diese Menschen binden gern ihre Gefühle und Gedanken in ihre Tätigkeiten ein und haben meist kein Problem damit, in den richtigen Momenten offen darüber zu sprechen. Das systematische Arbeiten liegt ihnen weniger.

Bist du ... unkonventionell, kreativ, gut im formulieren, sprachlich gewandt, musikalisch, künstlerisch, abwechslungsreich, sprunghaft?

Magst du ... Kunst, Theater, Musik, Oper, Design, Mode, Kultur, Sprache, Fremdsprache, freigeistige Themen, Philosophie?

Eine künstlerisch-sprachliche Orientierung zeigt sich, wenn du nicht nur als Kind gemalt hast, sondern du dies nach wie vor tust und immer besser geworden bist, wenn dir ein nächtliches Gespräch über die literarische Romantik wichtiger ist als den letzten Bus zu erwischen, wenn dein Gitarrenlehrer anfängt bei dir Stunden zu nehmen, wenn du in einer Jugendtheatergruppe mitspielst oder wenn du nur für dich Gedichte einer Fremdsprache ins Deutsche übersetzt.

Social – soziale Orientierung

Menschen mit dieser Grundorientierung sind meist in Bildung, Training, sozialen und medizinischen Bereichen aktiv, da sie gerne mit Menschen arbeiten. Sie beschäftigen sich mit ethischen und sozialen Fragestellungen. Sie weisen besondere Fähigkeiten im zwischenmenschlichen Bereich auf, sind meist gute Zuhörer und können sich gut auf andere Menschen und deren Bedürfnisse einstellen. Sie übernehmen gerne Verantwortung für andere Menschen, helfen bereitwillig und geben ihr Wissen gerne an andere weiter. Technische und wissenschaftliche Fragestellungen beschäftigen sie weniger, es sei denn, dass diese sehr eng an ein soziales Problem gebunden sind.

Bist du ... hilfsbereit, mitfühlend, sozial, empathisch, sozial oder ökologisch engagiert, selbstlos?

Magst du ... Menschen, Kommunikation, Umwelt, Ökologie, die Welt verbessern, Gutes tun, helfen, dich für andere einsetzten, unterstützen?

Soziale Orientierung zeigt sich, wenn du alle Termine der Anti-AKW-Demonstrationen im kommenden Jahr auswendig weißt, wenn du im Sportverein eine Kindergruppe betreust, wenn du dich in deinem Viertel um alte Menschen kümmerst, wenn du aktiv in einer NGO mitarbeitest oder wenn du dich mit Utopien und der Frage beschäftigst, wie diese Welt gerechter gemacht werden kann.

Enterprising – unternehmerische Orientierung

Menschen mit dieser Grundorientierung wollen führen und andere überzeugen und suchen Machtpositionen. Gesellschaftlicher und ökonomischer Erfolg haben für sie eine hohe Bedeutung. Diese Menschen sind oft dominant, durchsetzungsstark, status- und erfolgsorientiert, meist Anhänger traditioneller Werte und verfügen oft über ein großes Selbstbewusstsein. Sie weisen Fähigkeiten im rhetorischen Bereich und im Bereich des Motivierens auf. Sie diskutieren gerne, aber haben auch gerne Recht und sind bereit, dafür viel zu lesen und zu lernen.

Bist du ... initiativ, aktiv, dominant, durchsetzungsstark, wettbewerbsorientiert, ein Alphatierchen, erfolgreich, statusorientiert, beliebt, ehrgeizig?

Magst du ... es Anweisungen zu geben, Diskussionen und Streitgespräche, Erfolg, Siege, Statussymbole?

Unternehmerische Orientierung zeigt sich, wenn du bereits als Kind dein Geld gespart hast, wenn du in den Ferien lieber arbeiten gegangen bist, als Urlaub zu machen, wenn du an Businessplan-Wettbewerben für Schulen teilgenommen hast, wenn du die Fragen zur Finanzierung deines Studiums bereits vor drei Jahren beantwortet hast, wenn du Mitglied in der Jugendorganisation einer Partei bist oder wenn du keine politische Talkshow verpasst.

Conventional – konventionell-traditionelle Orientierung

Menschen mit dieser Grundorientierung schätzen strukturierte und systematische Arbeiten, vor allem ordnende oder verwaltende Tätigkeiten, in denen der geregelte Umgang mit konkreten Informationen und Daten im Vordergrund steht. Sie sehen sich selbst als wohlorganisiert und sind in der Regel äußerst verlässlich, fehlerresistent und können, sofern die Vorgaben klar sind, auf einen genauen Punkt hinarbeiten. Sie arbeiten sauber, sind pünktlich und stets gut vorbereitet. Allerdings erwarten sie auch in ihrem Arbeitsumfeld ein großes

Kapitel 3: Fähigkeiten, Interessen, Motivation und Ziele

Maß an Struktur und Planungssicherheit. Sie weisen Fähigkeiten im rechnerischen und geschäftlichen Bereich auf. Offen strukturierte Aufgaben oder das kreative Erarbeiten von neuen Abläufen liegt ihnen weniger.

Bist du ... traditionsbewusst, pünktlich, sorgfältig, gewissenhaft, zuverlässig, ein guter „Arbeiter", beständig?

Magst du ... es Dinge zu sammeln und zu ordnen, Aufträge auszuführen, wiederkehrende Abläufe, Kontinuität?

Konventionell-traditionelle Orientierung zeigt sich, wenn du in deiner Familie das Haushaltsbuch führst, wenn du in deinem Verein der Kassenwart bist, wenn dein Zimmer und dein Schreibtisch immer aufgeräumt sind, ohne dass deine Eltern etwas sagen müssen, wenn du dir vor jeder zu bewältigenden Aufgabe einen genauen Ablaufplan erstellst und ihn auch einhalten kannst.

Wie bereits erwähnt, gibt es keine „reinen" Typen. Wenn du dich in mehreren Beschreibungen erkennen kannst, dann gewichte die einzelnen, bei dir vorkommenden Typen. Welches ist deine wichtigste Interessenorientierung? Stell dir einfach vor, dass du bereits 25 Jahre Berufsleben hinter dir hast. Welche Inhaltlichen Anforderungen muss deine Tätigkeit erfüllen, dass du auch nach einer so langen Berufstätigkeit gerne morgens aufstehst und zu deinem Job gehst?

Bitte nummeriere in Tabelle 4 die verschiedenen Orientierungen von 1 bis 6 durch. Die am stärksten ausgeprägte Interessenorientierung erhält die Nummer 1, die am schwächsten ausgeprägten Orientierung die Nummer 6.

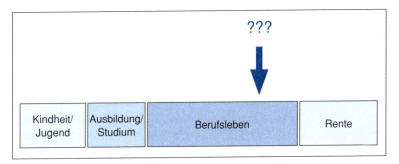

Abbildung 4: Welche inhaltlichen Anforderungen soll deine Tätigkeit auch noch in 25 Jahren erfüllen?

Tabelle 4: Interessenorientierung

Interessen	Nummer
Praktisch-technische Orientierung	___
Intellektuell-forschende Orientierung	___
Künstlerisch-sprachliche Orientierung	___
Soziale Orientierung	___
Unternehmerische Orientierung	___
Konventionelle Orientierung	___

Übertrage nun in die folgenden Felder deine drei wichtigsten Interessengebiete:

Feld 13: 1. Interessengebiet:

Feld 14: 2. Interessengebiet:

Feld 15: 3. Interessengebiet:

3.3 Motivation, Wünsche und Ziele

„Ohne Schweiß, kein Preis."
„Es ist noch kein Meister vom Himmel gefallen."
„Von Nichts kommt Nichts."
„Früh übt sich, wer ein Meister werden will."
„Was Hänschen nicht lernt, lernt Hans nimmer mehr."

Genügt, oder? Wer kennt sie nicht, diese Volksweisheiten und wer will sie noch hören, vor allem wenn man erst 18, 19 oder 20 ist, aber – schlechte Nachricht – man nennt sie nicht umsonst „Volks"-weisheiten. Im Laufe der Jahrhunderte hat sich gezeigt, dass sich bestimmte individuelle Prozesse und Abläufe stets wiederholen. Für dich heißt das, dass die Verwirklichung deiner Träume und Wünsche davon abhängt, ob du – erst einmal – überhaupt welche hast und wie viel Einsatz und Leistung du bereit bist für ihre Umsetzung aufzubringen. Wie stark ist der Wunsch und wie realistisch ist er, um ihn auch unter Belastung nicht aus den Augen zu verlieren?

Kapitel 3: Fähigkeiten, Interessen, Motivation und Ziele 39

Abbildung 5 zeigt den Zusammenhang zwischen Erfolg und Einsatz. Dabei ist die Relation eine S-Kurve. Jeder kennt dieses Phänomen aus der Schule: Es ist meist mit wenig Einsatz verbunden, wenn man in einem Fach eine 4 erreichen möchte. Der Schritt zu einer 3 verlangt nur unwesentlich viel mehr Aufwand, aber um von einer 3 auf eine 2 oder gar auf eine 1 zu kommen, steigt der benötigte Einsatz meist überproportional an. Genauso verhält es sich auch in Studium und Beruf: Von nichts kommt nichts.

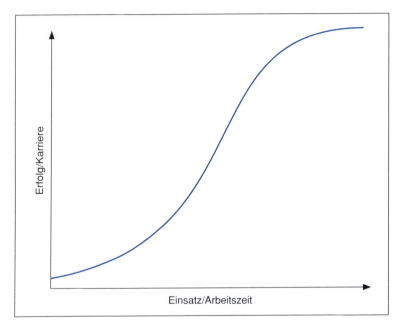

Abbildung 5: Zusammenhang zwischen Erfolg und Einsatz

Obwohl es in diesem Kapitel vor allem um finanzielle Vorstellungen geht, da diese eine bessere Orientierungsgröße darstellen, möchte ich zunächst kurz auf deine Karrierewünsche eingehen, da diese oft mit dem Finanziellen kongruieren.

Ich möchte an dieser Stelle so vermessen sein und behaupten, dass jeder Karrierewunsch, den du hast, „okay" ist. Die Frage ist nur, ob du bereit bist, die dazu nötigen Anstrengungen auf dich zu nehmen (vgl. Abb. 5). Wenn es das Heilmittel gegen Krebs sein soll, das von DIR erfunden werden soll, dann ist das gut so, und die Welt kann das durchaus benötigen; aber sei dir bewusst, dass dies bedeutet, neben dem Medizinstudium zusätzlich noch interdisziplinäre Fachzeitschriften zu lesen, Assistenzen bei Biochemikern zu absolvieren und in der WG Zellkulturen züchten zu müssen: Früh übt sich, wer ein Meister werden will. Wenn du „nur" ein guter Arzt werden willst, kannst du das mit den Zellkulturen weg lassen.

Wenden wir uns aber wieder deinen finanziellen Vorstellungen zu. Welches Gehalt und welchen Lebensstandard kannst du dir für deine Zukunft nach dem Abschluss vorstellen? Hier kommen jetzt deine Eltern ins Spiel, da sie mehr Erfahrung mit Rechnungen und Kosten haben. Setze dich mit ihnen zusam-

Tabelle 5: Lebenshaltungskosten in 15 Jahren

Wohnung/ Haus	Miete, Nebenkosten, Instandhaltung, Anschaffungen von Einrichtungsgegenständen, etc.	_____ €
Auto	Anschaffung, Reparaturen, Versicherungen, Steuern, Wertverlust, etc.	_____ €
Urlaub	Winterurlaub, Sommerurlaub, Wochenendausflüge, Verwandtenbesuche etc.	_____ €
Lebenshaltung	Klamotten, Lebensmittel, etc.	_____ €
Hobbies	Sport, Musik, Ausgehen, etc.	_____ €
Private Altersvorsorge	Lebensversicherungen, Fonds, etc.	_____ €
Gesundheitsvorsorge	Krankenkasse, Medikamente, Brille, etc.	_____ €
Kosten für Kinder	Kleidung, Urlaub, Unterricht, etc.	_____ €
Sonstiges		_____ €
	Benötigtes Nettogehalt pro Monat	_____ €
	Nettogehalt pro Monat x 12 = benötigtes Nettojahresgehalt	_____ €

men und stellt gemeinsam einen monatlichen Kostenplan auf, der zu einem Leben passen könnte, das du nach Studienabschluss und Berufseinstieg führen möchtest. Willst du den Lebensstandard, den deine Eltern dir vorleben, ebenfalls erreichen oder willst du ihn übertreffen oder kannst du mit weniger zufrieden sein?

Denke dabei daran, dass bei einer Familienplanung, in der ein Partner zu Hause bleiben soll, um Kinder zu erziehen und „Haus und Hof" zu versorgen, dein Gehalt für zwei Erwachsene und die Kinder reichen muss.

Ermittle nun mit Hilfe von Tabelle 6 dein benötigtes Bruttojahresgehalt. Darüber hinaus gibt es auch jede Menge Brutto-Netto-Rechner im Internet, die du für deine Berechnung nutzen kannst.

Tabelle 6: Netto-Brutto-Gehaltsumrechnung

Nettojahresgehalt	entspricht ca.	Bruttojahresgehalt
21.800 €	≈	30.000 €
26.900 €	≈	40.000 €
31.700 €	≈	50.000 €
36.500 €	≈	60.000 €
41.400 €	≈	70.000 €
46.700 €	≈	80.000 €
52.000 €	≈	90.000 €
57.100 €	≈	100.000 €

Notiere im Feld 16 dein benötigtes/angestrebtes Bruttojahresgehalt:

Feld 16: Angestrebtes Bruttojahresgehalt: *100.000.000*

Jetzt solltest du einen ungefähren Eindruck davon haben, was du zumindest finanziell erreichen möchtest. Nun stellt sich die Frage, ob du die gesteckten Ziele mit wenig Kraftanstrengung erreichst oder ob du sehr viel Leistung dafür zeigen musst? Das kann nun wiederum nicht ganz unabhängig von deiner bisherigen Leistungsbereitschaft betrachtet werden.

Ich höre in den Beratungen oft Sätze wie: „Mein Abi ist zwar nicht so gut, aber jetzt wird sich alles ändern und ich will und werde im Studium richtig Gas geben".

Leider kann ich das nicht bestätigen. Etwas salopp ausgedrückt: „Faul" bleibt nicht immer „faul", aber eine 180-Grad-Kehre habe ich selten erlebt. Und doch kann Leistung gesteigert werden. Die Bereitschaft dazu muss aber vorhanden sein. Wünsche sind hierfür gute Motivatoren.

Setzt sich aber die geringe Leistungsbereitschaft im Studium fort, werden die Zensuren denen im Abitur ähneln. Wenn mit der Abiturnote nicht der NC für diesen oder jenen Studiengang erreicht wurde, ist es nicht unwahrscheinlich, dass man nach dem Studium vergebens auf das Bewerbungsgespräch bei Topfirmen wartet. Der Jobeinstieg wird weniger erfolgreich sein und somit die Karrierechancen begrenzt, denn das Einstiegslevel in den Beruf ist relativ wichtig, wie das Abbildung 6 zeigt.

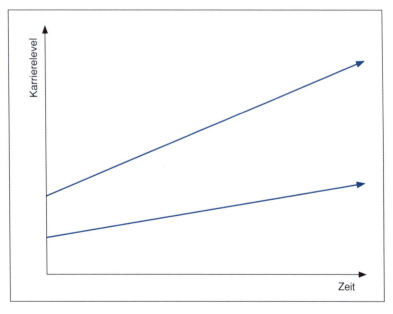

Abbildung 6: Einstiegslevel in den Beruf

Das heißt also: Je höher du einsteigen kannst, desto höher ist das Level, von dem aus du in Rente gehen kannst. Das ist zwar noch eine Weile hin, aber du weißt ja: Früh übt sich …

Natürlich gibt es auch Karrieresprünge. In der Berufswelt ist vieles möglich, aber wie in der Schule gibt es auch hier Regeln. Und in der Regel schafft man es nicht vom studierten Tellerwäscher zum studierten Millionär. Aber ich lasse mich gern eines Besseren belehren!

Wer auf dem höchstmöglichen Niveau in den Beruf einsteigen und schnell Karriere machen will, muss ein sehr gutes Studium absolvieren und möglichst sinnvolle und zielführende Praktika nachweisen. Wer bisher wenig Einsatzfreude gezeigt hat, aber große Karriereziele verfolgt, wird in seinem Leben einiges verändern müssen. Sonst werden die großen Ziele nur ein hehrer Wunsch bleiben, statt zu einem festen Ziel zu werden, dass sich auch erreichen lässt.

Wer aber viel arbeitet, hat wenig Freizeit. Und damit sind wir auch beim eigentlichen Kern des Problems. Wer bisher eher wenig Leistung gebracht hat, hat meist bevorzugte Präferenzen im Freizeitbereich. Sowohl eine starke Freizeitorientierung als auch eine hohe Karriereorientierung haben jeweils für und wider. Wichtig ist, dass beide gleichzeitig schwer zu vereinen sind, da sich Arbeitszeit und Freizeit gegenläufig verhalten (vgl. Abb. 7).

Abbildung 7: Freizeit- versus Karriereorientierung

Wenn du eine starke Freizeitorientierung hast, ist es dir wichtig, dass du viel Zeit für deine Familie oder Freunde hast und du deinen Hobbys nachgehen kannst (vgl. Abb. 8). Dein Job ist nur Mittel zum Zweck, um deine Miete und Lebenshaltung zu bezahlen. Optimalerweise hast du auch einen Job, den du gerne machst. Wichtiger ist jedoch, dass du geregelte Arbeits- und Urlaubszeiten hast und immer pünktlich nach Hause gehen kannst.

Abbildung 8: Freizeitorientierung

Wenn du eine starke Karriereorientierung hast, ist dir dein Job sehr wichtig (vgl. Abb. 9). Es kann sein, dass dich der Inhalt deiner Tätigkeit dazu treibt, dass du viel arbeiten möchtest – zum Beispiel weil du an einem spannenden Forschungsprojekt beteiligt bist. Oder es dir sehr wichtig ist, dass du eine bedeutende Position bekleidest, also Macht und Verantwortung hast und/oder viel Geld verdienst.

Abbildung 9: Karriereorientierung

Natürlich kann weder die Freizeit noch die Arbeitszeit auf null reduziert werden. Oder besser: Um eine ausgeglichene Psyche zu haben, sollte keine der beiden Zeiten gegen Null tendieren. Entscheidend ist, dass du verstehst, dass viel Freizeit und eine große Karriere im Normalfall schwer zu vereinbaren sind.

Wie wichtig sind dir die einzelnen Aspekte: Erfolg, Geld, Selbstverwirklichung, Familie, Sport und Freunde?

Es wurde in der Einführung bereits kurz erwähnt, soll aber an dieser Stelle seiner Bedeutung wegen noch einmal wiederholt werden: Die Studiumsentscheidung ist wahrscheinlich die erste wirklich selbstständig von dir getroffene Entscheidung. Spätestens ab jetzt heißt es, Verantwortung für dein Leben zu übernehmen. Du übernimmst Verantwortung für dich selbst und somit auch für deine Zukunft. Und du kannst einiges tun, dass diese Zukunft deinen Wünschen entspricht. Du entscheidest!

Um auch hier Fakten zu schaffen, wollen wir deine etwaigen Arbeits- und Urlaubszeiten betrachten. Fülle gemeinsam mit deinen Eltern die folgenden Felder aus, um ein Gefühl dafür zu bekommen. Bitte beachte beim Ausfüllen, dass eventuell nicht nur die Arbeitszeit am Arbeitsplatz betrachtet werden muss, sondern auch die Zeit, die du zu Hause mit Arbeiten verbringen würdest.

Kapitel 3: Fähigkeiten, Interessen, Motivation und Ziele

Wie viele Stunden arbeitet deine Mutter die Woche? __30__ Stunden

Wie viel Urlaub hat deine Mutter pro Jahr? _____ Tage

Wie viele Stunden arbeitet dein Vater die Woche? _____ Stunden

Wie viel Urlaub hat dein Vater pro Jahr? _____ Tage

Wie viel bist du bereit zu arbeiten? _____ Stunden

Wie viel Urlaub möchtest du im Jahr haben? _____ Tage

Tabelle 7 gibt eine Bewertung ab, wie die Leistungsbereitschaft im Bezug auf Arbeitszeit und Urlaub zu bewerten ist. Bitte kreuze in der Tabelle an, was auf dich zutrifft.

Tabelle 7: Leistungsbereitschaft

Leistungsbereitschaft	Arbeitszeit pro Woche		Urlaubstage im Jahr	
Sehr Hoch	< 50 Stunden	☐	Max. 20 Tage	☐
Hoch	40–50 Stunden	☐	20–30 Tage	☐
Normal	> 40 Stunden	☐	Mind. 30 Tage	☐

Dein Ergebnis ist der Mittelwert, den du in Feld 17 eintragen kannst.

Feld 17: Leistungsbereitschaft: ☐ Sehr hoch

☐ Hoch

☐ Normal

4 Persönliches Profil erstellen

Bitte trage nun die Daten aus den einzelnen Feldern, die bis zu diesem Zeitpunkt erarbeitet wurden, in die Tabelle 8 ein:

Tabelle 8: Persönliches Profil

Feld	Item	vgl. Seite	Ausprägung
1	HZB	22	
2	Durchschnittsnote	22	
3	Wartezeit	24	
4	LK 1	26	
5	LK 2	26	
6	LK 3	26	
7	Lieblingsfach 1	26	
8	Lieblingsfach 2	26	
9	Fähigkeit 1	30	
10	Fähigkeit 2	31	
11	Fähigkeit 3	31	
12	Fähigkeit 4	31	
13	Interessengebiet 1	38	
14	Interessengebiet 2	38	
15	Interessengebiet 3	38	
16	Angestrebtes Bruttojahresgehalt	41	
17	Leistungsbereitschaft	45	

Teil 2

Studienfächer und Hochschullandschaft

Gut. Genug über dich nachgedacht. Die eine oder andere Frage wird noch nachhallen. Das ist gut so und ehrlich gesagt – von mir auch so gewollt.

Jetzt sollst du mit gewissen Rahmenbedingungen vertraut gemacht werden, die deinen Blick für das Organisatorische deines Studienkontextes schärfen sollen, mit dem du dich zwangsläufig wirst auseinandersetzen müssen.

In diesem Teil werden Informationen zu Studiengängen und zur Hochschullandschaft gesammelt und strukturiert. Es sollen Wissenslücken geschlossen und eventuell vorhandene Fehlinformationen beseitigt werden, die bei dir bezüglich Zulassungsbeschränkung, Studienfinanzierung und Studiengängen vorhanden sind.

Am Ende dieses Teils wirst du ein persönliches Studiengangprofil erstellt haben, dass deine persönlichen Vorstellungen und Anforderungen an den zukünftigen Studiengang widerspiegeln und eine möglichst präzise Suche nach Studienmöglichkeiten zulassen wird.

5 Studienort

Es existieren drei verschiedene Typen bei der Ortswahl (vgl. Tab. 9):
- Der kostenbewusste Typ wohnt entweder zu Hause oder sucht sich einen möglichst günstigen Studienort.
- Dem ortsorientierten Typ ist der Studienort wichtiger als das Studium an sich.
- Beim studienorientierten Typ steht der Studiengang im Mittelpunkt.

Sei bitte ehrlich bei deiner eigenen Einschätzung! Ich habe schon oft die Erfahrung gemacht, dass sich viele zuerst als „studienorientierten Typ" ausgeben, aber dann kneifen, wenn es konkret wird und sich derjenige an der Hochschule Amberg-Weiden bewerben soll.

Tabelle 9: Studienortwahl – drei Typen können unterschieden werden

	Kostenbewusster Typ	**Ortsorientierter Typ**	**Studienorientierter Typ**
Sucht nach:	• Hochschulen, bei denen er zu Hause wohnen kann • Bundesländern ohne Studiengebühren • Städten mit günstigen Lebenshaltungskosten	• attraktiven Großstädten oder netten kleinen Studentenstädten • entsprechendem Freizeitangebot (z. B.: Berge zum Skifahren, Kneipen/Discos zum Feiern etc.)	• nach Studieninhalten und Studiengängen, die Hochschule steht im Vordergrund und der Ort ist sekundär
Findet seinen Ort:	• Siehe Abschnitt „Finanzen und Studium"	• Subjektive Kriterien z. B. Städterankings (www.deutschlands-schoenste-stadt.de oder www.insm-wiwo-staedteranking.de/)	• Der Ort spielt bei der Studienwahl keine Rolle.

Welcher Typ bist du?

es können mehrere Orte eingetragen werden:

☐ Kostenbewusster Typ: Orte: _____

☐ Ortsorientierter Typ: Orte: _____

☐ Studienorientierter Typ: Orte: *Der Studienort ist mir egal*

Trage im Feld 18 deine bevorzugten Studienorte ein oder notiere „egal", wenn der Studienort für die nicht im Vordergrund steht.

Feld 18: Studienorte:

Um dir einen kleinen Überblick zu geben, welche Studienorte unter den Studenten beliebt sind bzw. wo „Studentenstädte" in Deutschland existieren, habe ich eine Art „Sozial-Ranking" erstellt. Die von mir gewählten Parameter für das Ranking sind die Gesamtbevölkerung und die Studentenanzahl. Das heißt, dass kleine Städte mit vielen Studenten im Sozial-Ranking ziemlich weit oben stehen. Dafür rutschen Großstädte wie Berlin, Hamburg und München relativ weit nach hinten, obwohl wahrscheinlich jedem bekannt ist, dass das soziale und kulturelle Leben in diesen drei Städten dem „gemeinen Studenten" enorme Möglichkeiten bietet. Daran kann man erkennen, dass Rankings immer nur einen Teil der Wirklichkeit abbilden können und dem Interpreten eines Rankings immer bekannt sein sollte, nach welchen Maßstäben das Ranking erstellt worden ist (siehe hierzu das entsprechende Kapitel „Rankings").

Während in Tabelle 10 des Sozial-Rankings nur Städte mit einer Bevölkerung über 100.000 Einwohner berücksichtigt werden, zeigt Tabelle 11 exemplarisch an vier bekannten Universitätsstädten, welche Studentenquoten in Städten unter 100.000 Einwohnern erreicht werden können.

Tabelle 10: Studentenanteile in Städten über 100.000 Einwohner

	Stadt	Einwohner	Studentenanteil in %
1	Jena	104.000	25
2	Heidelberg	146.000	22
3	Göttingen	121.000	22
4	Darmstadt	143.000	21
5	Mainz	198.000	20
6	Würzburg	133.000	19
7	Trier	105.000	18
8	Regensburg	134.000	17
9	Münster	276.000	16
10	Aachen	258.000	16
11	Potsdam	155.000	15
14	Freiburg	222.000	13
15	Saarbrücken	176.000	13
16	Siegen	104.000	13
17	Karlsruhe	292.000	12
18	Kiel	238.000	12
19	Kassel	195.000	12
20	Erlangen	106.000	12
21	Bochum	376.000	11
22	Osnabrück	164.000	11
23	Paderborn	145.000	11
24	Frankfurt	672.000	10

Tabelle 11: Besondere Studentenstädte unter 100.000 Einwohner

	Stadt	Einwohner	Studentenanteil in %
1	Gießen	76.000	41
2	Tübingen	88.000	26
3	Marburg	80.000	25
4	Greifswald	54.000	23

6 Hochschulformen

Die deutsche Hochschullandschaft ist im Umbruch. Aufgrund der neuen Studienabschlüsse hat sich der Unterschied der Studieninstitutionen in Deutschland nahezu aufgehoben. Ein Bachelor of Arts ist ein Bachelor of Arts und es macht formal keinen Unterschied, ob dieser an der Universität, der Hochschule oder an einer Dualen Hochschule erworben wurde. Wie bereits erwähnt, gibt es aber Zulassungsunterschiede zwischen den Institutionen.

6.1 Universitäten

Universitäten sind meist sehr große Institutionen, die sehr viele Fachbereiche unter einem Dach vereinen. Das ist eine wichtige Voraussetzung, um Grundlagenforschung betreiben zu können, die oft erst durch die Vernetzung von Wissensbeständen aus unterschiedlichen Fachbereichen möglich wird.

Für wen: An Universitäten wird geforscht. Auch die Studierenden werden in die Forschung mit einbezogen. Sie lernen, wie man systematisch neue Ergebnisse sucht und wie man Gegebenes hinterfragt. Dabei lernen sie auch, Probleme zu identifizieren, zu analysieren und entsprechende Lösungsansätze und -strategien zu generieren. Studienanfänger an Universitäten sollten also Interesse daran haben, zu hinterfragen und sollten vor komplexen Sachverhalten nicht zurückschrecken.

Für wen nicht: Nach wie vor ist die Universität ein sehr großer Betrieb, in dem von den Studierenden sehr viel organisatorisches Engagement und Durchsetzungsvermögen verlangt wird. Noch immer kann es sein, dass sich Vorlesungen überschneiden und damit wertvolle Studienzeit verloren geht. Außerdem müssen die Studenten sehr eigenverantwortlich handeln, da es normalerweise keine individuelle Betreuung gibt. Ob die Studierenden an den Vorlesungen, Seminaren und Übungen teilnehmen, wird meist nicht kontrolliert.

Wer also Probleme hat, sich selbst permanent zu motivieren, keine Massenveranstaltungen mag, lieber in kleinen Gruppen lernt, sich nicht ständig selber um die Studienorganisation kümmern möchte und Wissen lieber anwendungs- und praxisorientiert erwirbt, ist hier falsch.

6.2 Hochschulen/Universities of applied Science (ehemals Fachhochschulen)

Die meisten Hochschulen konzentrieren sich auf bestimmte Fachbereiche und vermitteln das für diesen Bereich benötigte Fachwissen, teilweise auch spezielles Branchenwissen. Die Dozenten kommen oftmals aus der Praxis.

Für wen: Wer in seinem Studium lieber anwendungsorientierter lernen möchte und nicht so viel Wert auf umfangreiche Methodenkompetenz legt, ist hier richtig. Hochschulstudenten werden konkreter auf ihren Berufsbereich vorbereitet als Universitätsstudenten.

Für wen nicht: Wer nichts mehr von „verschulten" Systemen wissen will und eine gewisse Anonymität bevorzugt, sollte sich besser an der Universität als an der Hochschule einschreiben. Darüber hinaus sollten alle, die sich für Wissenschaft und Forschung, für die Vernetzung unterschiedlicher Fachbereiche und stark interdisziplinär ausgelegte Studiengänge interessieren, vorzugsweise an der Universität studieren.

6.3 Duale Hochschulen (ehemals Berufsakademien)

Duale Hochschulen in öffentlicher Trägerschaft gibt es in Baden-Württemberg, Berlin, Thüringen und Sachsen. Hessen, Niedersachsen, Saarland und Schleswig-Holstein bieten staatlich anerkannte Duale Hochschulen in privater Trägerschaft. Hervorstechendes Merkmal ist die starke Praxisorientierung der Ausbildung. Das Studium unterteilt sich in das theoretische Fachstudium an der Dualen Hochschule und die praktische Ausbildung im Unternehmen. Der Studienablauf erfolgt in dreimonatigem Wechsel an der Dualen Hochschule und im Unternehmen. Voraussetzung hierfür ist, dass der Student vor Studienbeginn einen Ausbildungsvertrag mit einem Unternehmen schließt.

Für wen: Wer von Anfang an die Theorie mit der Praxis verbinden möchte, ist an der Dualen Hochschule richtig. Durch den Ausbildungsvertrag ist außerdem die Studienfinanzierung abgesichert. Zudem sind die Chancen hoch, dass direkt zum Studienabschluss ein anschließender Arbeitsvertrag zustande kommt.

Für wen nicht: Wer ein typisches Studentenleben führen möchte und seine Zeit gern frei einteilt, wird an der Dualen Hochschule wenig Freude haben. Statt Semesterferien gibt es sechs Wochen Jahresurlaub. Die Arbeitsbelastung ist hoch, entsprechend stressresistent und belastbar sollten die Studierenden sein. Natürlich ist auch das ausbildende Unternehmen stets interessiert an den Erfolgen der Studierenden. Den „taxifahrenden Bummelstudenten" wird man hier vergeblich suchen.

Notiere in Feld 19, welche Hochschulform (Universität, Hochschule, Duale Hochschule) du bevorzugen würdest.

Feld 19: Hochschulform: Universität

7 Rankings

Rankings sind immer ein zweischneidiges Schwert. Einerseits geben sie einem tatsächlich Informationen über das Renommee einer Hochschule, andererseits lassen sie nicht zwangsläufig eine Aussage über die Studienbedingungen zu. Wenn eine Universität sehr gut in der Forschung ist und viele wissenschaftliche Veröffentlichungen hat, heißt das noch lange nicht, dass sie ihre Studenten gut betreut. Anderseits bedeutet eine „schlechte" Platzierung nicht, dass die jeweilige Institution „schlecht" ist.

Deutschland hat zwar keine Universitäten, die sich in der Weltspitze befinden wie Harvard, Oxford, Cambridge oder Berkeley, aber sie bieten alle eine sehr solide und fundierte Hochschulausbildung. Es gibt keine öffentliche Hochschule in Deutschland, die als absolut „schlecht" oder „minderwertig" bezeichnet werden kann. Wer also Rankings in Deutschland betrachtet, sollte nicht davon ausgehen, dass eine im unteren Bereich des Rankings platzierte Hochschule eine minderwertige Qualität in der Ausbildung anbietet.

Ich finde es daher sinnvoller eine Unterscheidung in „gute Lehre" und „gute Forschung" zu treffen (vgl. Tab. 12).

Tabelle 12: Orientierung an „guter Lehre" versus „guter Forschung"

	Gute Lehre	Gute Forschung
Art der Hochschule	Häufig kleine Universitäten, Hochschulen, private Hochschulen oder Duale Hochschulen	Häufig große Universitäten, stark spezialisierte Hochschulen
Ziele der Hochschule	Ausbildung von akademischen Fachkräften	Neue Erkenntnisse generieren und wissenschaftliche Veröffentlichungen
Ausprägung	• gute Betreuung • gute Studienorganisation	• hohe Geldmittel für Forschung • gute technische Ausstattung
Für wen	Wer eine schnelle, effiziente akademische Ausbildung möchte, um in die Berufswelt einzusteigen, der ist hier genau richtig.	Wer sich für wissenschaftliches Arbeiten interessiert, gerne komplex denkt und selbstständig arbeitet, ist hier genau richtig.

Notiere in Feld 20, welche Ausrichtung der Hochschule (gute Lehre, gute Forschung) für dich wichtig ist oder trage „egal" ein, wenn dieser Aspekt für dich nicht im Vordergrund steht.

Feld 20: Ausrichtung der Hochschule:

Um den Orientierungsgehalt des Ranking-Prinzips auszunutzen, werden wir bei den Erläuterungen zu den Studienfächern jeweils Universitäten nennen, die in diesen Bereichen einen guten Ruf besitzen (vgl. Kapitel 12). Dies mag eine kleine Orientierungshilfe für dich sein.

8 Auslandsstudium

Richtige Pizza bei richtigen Italienern in Rom, „Springbreak" in Florida, Dauerkarte im Louvre … ein Studienaufenthalt im Ausland verschafft dir nicht nur einzigartige Erfahrungen, sondern stärkt auch sprachliche Qualifikationen, Selbstständigkeit, kulturelles Verständnis und, nicht zu vergessen, dein Bewerbungspotenzial.

Auslandsaufenthalte im Rahmen des Studiums lassen sich als komplette Studienaufenthalte, als Auslandssemester oder als „Summer Universities" organisieren. Für alle drei Möglichkeiten gilt, dass du ausreichend Vorbereitungszeit einplanen solltest.

Ein komplettes Studium im Ausland zu absolvieren ist vor allem für diejenigen interessant, die in Deutschland aufgrund der Zulassungsbeschränkung keine oder wenig Chancen auf den Traumstudienplatz haben – also zum Beispiel für angehende Medizinstudenten, die von Hochschulstart (ehemals ZVS) abgelehnt wurden. Interessant kann auch ein Masterstudium im Ausland sein – schließlich wird der an einer deutschen Hochschule erworbene Bachelorabschluss im europäischen Ausland in der Regel vollständig anerkannt. Bei der Organisation sollte beachtet werden, dass ein Studienbeginn im europäischen Ausland häufig nur zum Wintersemester möglich ist und die Bewerbung in manchen Ländern bereits ein Jahr vorher eingereicht werden muss. Darüber hinaus werden fast immer Sprachnachweise der jeweiligen Landessprache gefordert und die entsprechenden Zertifikate müssen frühzeitig erbracht werden.

Ein Auslandssemester kann man selbstständig organisieren, indem man Kontakt mit einer ausländischen Hochschule aufnimmt und dort um Aufnahme als Austauschstudent bittet. Viele deutsche Hochschulen bieten ihren Studierenden auch im Rahmen des europäischen Förderprogramms SOKRATES/ERASMUS die Möglichkeit, ein oder zwei Studiensemester an einer kooperierenden Hochschule im Ausland zu verbringen. Als Vorlaufzeit solltest du ebenfalls mindestens ein halbes Jahr, also ein vollständiges Semester einplanen.

„Summer Universities" sind im Prinzip für alle Studierenden interessant, die in der vorlesungsfreien Zeit ihr Studium vorantreiben möchten. Als „Summer Universities" bezeichnet man ein- bis dreiwöchige Blockseminare zu bestimmten Themen, die während der vorlesungsfreien Zeit an Hochschulen in Deutschland und international angeboten werden. Sie richten sich an alle interessierten Studierenden – egal, wo diese ihr Studium absolvieren. Interessierte Teilnehmer müssen sich rechtzeitig für die Kurse bewerben und manchmal auch bestimmte

Anforderungen erfüllen. Oft werden Gebühren für die Teilnahme erhoben. Wird die in der „Summer University" erbrachte Leistung mit ECTS-Punkten bewertet, kannst du dir die Punkte voll auf dein Studium anrechnen lassen und damit Studienzeit sparen!

Notiere in Feld 21 mit „ja" oder „nein", ob du ein Auslandssemester planst oder nicht.

Feld 21: Auslandssemsester:

9 Abschlüsse: Das Bachelor-/Master-System

Wer heute anfängt zu studieren, wird das Studium wahrscheinlich nicht mehr mit einem Diplom oder Magister abschließen. Stattdessen wird heute im zweistufigen Bachelor-Master-System studiert, das künftig für alle europäischen Länder gilt.

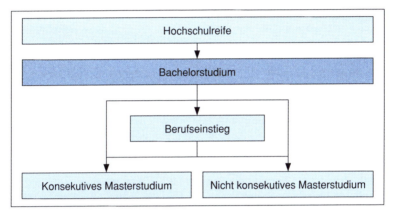

Abbildung 10: Ablauf der Abschlüsse im Überblick

Die Hintergründe

Jahrelang beklagten Wirtschaftsunternehmen und Verbände in Deutschland verschiedene Aspekte der deutschen Hochschullandschaft, darunter die fehlende Praxisnähe und die Theorielastigkeit des Universitätsstudiums, das hohe Alter der Absolventen und eine zu lange Studiendauer, hohe Abbruchquoten und die schwache Internationalisierung. Die Antwort hierauf war die Einführung und Durchsetzung des Bolognaprozesses in 29 europäischen Staaten, deren Kern die erwähnte Einführung der gestuften Bachelor- und Master-Abschlüsse war. In vielen Punkten unterscheiden sich die neuen Studiengänge, die sowohl an Universitäten, Hochschulen und Dualen Hochschulen eingerichtet werden, von den alten Studienangeboten.

Modularisierung und Leistungspunktesystem

Ein entscheidendes Strukturmerkmal der Bachelor- und Masterstudiengänge ist die Modularisierung der Studieninhalte und die Einführung eines studienbegleitenden Prüfungssystems, das die Studienleistungen in einem transparenten Leistungspunktesystem (Credit-Points) erfasst. Damit soll den Studierenden eine flexible Studienorganisation (z. B. erleichterte Anrechnung von im Ausland erbrachten Studienleistungen) und eine bessere Kontrolle des eigenen Studienerfolgs ermöglicht werden. Die Module fassen die jeweiligen Stoffgebiete oder methodisch-theoretischen Komplexe zu thematisch und zeitlich abgerundeten, in sich abgeschlossenen, aber auch hierarchisch strukturierten Studieneinheiten zusammen.

Neben der studienbegleitenden Akkumulation von Credit-Points soll die Reform des herkömmlichen Prüfungssystems auch den Transfer der Studienleistungen bei einem Hochschulwechsel erleichtern. Viele Hochschulen in Deutschland haben sich bereits dem European Credit Transfer System (ECTS) angeschlossen, einem europaweiten System zur gegenseitigen Anrechnung von Studienleistungen.

Vorteile dieses Konzepts für die Studierenden sind insbesondere:
- Lücken bei der Stoffbewältigung werden früh sichtbar und können rechtzeitig geschlossen werden, womit dem Überschreiten der Regelstudienzeit oder einem Studienabbruch aufgrund „falschen" Studierens entgegengewirkt wird. Messbare Erfolgserlebnisse über den eigenen Studienerfolg geben Sicherheit und fördern die Studienmotivation.
- Das Credit-Points-System fördert die Mobilität, weil Studien- und Prüfungsleistungen an hochschulübergreifend gültigen Standards gemessen werden und so der Transfer bei einem Hochschulwechsel, auch ins Ausland, erleichtert wird.
- Die Modularisierung des Lehrstoffs erlaubt eine flexible, an den eigenen Interessen, Studienerwartungen und Berufsabsichten orientierte Planung des Studiums. Sie bietet auch eine Voraussetzung, das Studium gegebenenfalls in Form eines strukturierten Teilzeitstudiums durchzuführen, wenn etwa persönliche Lebensumstände ein Vollzeitstudium dauernd oder zeitweise nicht zulassen.
- Modularisierung ermöglicht eine flexiblere Anpassung des eigenen Ausbildungsprofils an sich wandelnde Anforderungen des Arbeitsmarktes.

9.1 Bachelorabschlüsse in Deutschland

Der Bachelor ist der erste akademische Grad, der von Hochschulen nach Abschluss einer wissenschaftlichen Ausbildung verliehen wird. Ein Bachelor-Studiengang kann zwischen sechs und acht Semestern (also drei bis vier Jahre) dauern. Nach dem European Credit Transfer System (ECTS) sind in dieser Zeit 180 Leistungspunkte (Credit-Points) zu erwerben. Ein Punkt entspricht einer Arbeitsbelastung von 25 bis 30 Stunden, wobei hier Vorbereitung, Teilnahme und Nachbereitung der entsprechenden Veranstaltung als Arbeitszeit mit einfließen.

Der Bachelortitel kann entweder als Monobachelor durch das Studium eines Faches oder als Kombibachelor durch das Studium von einem Kern- und einem Ergänzungsfach erreicht werden. Neben dem Fachstudium werden an den meisten Hochschulen auch Pflichtpraktika, die die berufliche Handlungskompetenz stärken sollen, integriert und relevante Schlüsselqualifikationen (Sozialkompetenz, Methodenkompetenz, Selbstkompetenz) vermittelt.

Der Bachelor ist ein berufsqualifizierender Abschluss. Daran anschließen kann sich ein vertiefender Master-Studiengang, in Ausnahmefällen bereits die Promotion. Zum gleichnamigen Abschluss in den USA bestehen Unterschiede sowohl im Aufbau des Studiums als auch bei der Anerkennung der Abschlüsse. Ein wesentlicher Unterschied zu den Bachelorabschlüssen, die an amerikanischen Hochschulen erworben werden können, besteht darin, dass in den USA der Bachelor nicht immer automatisch berufsqualifizierend ist und zusätzliche Lizenzierungsverfahren bei Behörden oder berufsständischen Organisationen durchlaufen werden müssen, bevor man mit dem Job beginnen kann.

Mögliche Bachelorabschlüsse:
- Bachelor of Arts (B.A.), üblich in den Geistes- und Sozialwissenschaften,
- Bachelor of Science (B. Sc.), üblich in den Ingenieur-, Natur- und Wirtschaftswissenschaften sowie in Psychologie,
- Bachelor of Engineering (B. Eng.), üblich in den Ingenieurwissenschaften,
- Bachelor of Laws (LL. B.), üblich in den Rechtswissenschaften,
- Bachelor of Education (B. Ed.), üblich in den Lehrämtern,
- Bachelor of Fine Arts (B. A. F.), üblich in den bildenden Künsten,
- Bachelor of Music (B. Mus.), üblich in der angewandten Musik.

9.2 Masterabschlüsse in Deutschland

Der Master ist der zweite akademische Grad, den Studierende an Hochschulen als Abschluss einer wissenschaftlichen Ausbildung erlangen können. Er wird nach einem ein- bis zweijährigen Vollzeit- oder berufsbegleitenden Studium verliehen. Studienvoraussetzung ist ein Bachelor- oder der Abschluss in einem der „alten", traditionellen, einstufigen Studiengänge (Magister, Diplom etc.). Je nach Ausrichtung kann ein Masterstudiengang der wissenschaftlichen Vertiefung des vorherigen Studiums oder der Erschließung neuer Wissensgebiete dienen. Demnach wird auch zwischen konsekutiven und nicht konsekutiven Masterstudiengängen unterschieden. Für konsekutive und nicht konsekutive Masterstudiengänge sind jeweils verschiedene Abschlussbezeichnungen zulässig.

Konsekutive Masterabschlüsse: Das konsekutive Masterstudium ist die direkte, fachliche Fortführung eines speziellen Bachelorstudiengangs. Es dient der Vertiefung des vorhandenen Wissens im theoretischen und forschungsorientierten Bereich:
- Master of Arts (M.A. oder MA), üblich in den Geistes- und Sozialwissenschaften,
- Master of Engineering (M.Eng.), üblich in den Ingenieurwissenschaften,
- Master of Laws (LL.M.), üblich in den Rechtswissenschaften,
- Master of Science (M.Sc. oder MSc), üblich in den Ingenieur-, Natur- und Wirtschaftswissenschaften sowie in Psychologie,
- Master of Education, (M.Ed.), nur in bestimmten Lehramtsfächern erwerbbar.

Nicht konsekutive Masterabschlüsse: Die Abschlussbezeichnungen nicht konsekutiver Masterstudiengänge können von den Hochschulen frei gewählt werden (z.B.: Master of Taxation, Master of Business Administration, Master of Education etc.). Sie dienen dem Zweck, die Studenten in einem Bereich weiterzubilden, den sie in ihren vorangegangenen Studien noch nicht vertieft belegt haben, d.h. sie schließen an ein beliebiges, abgeschlossenes Studium an.

Weiterbildende Studiengänge sind ebenfalls nicht konsekutiv und setzen zudem eine qualifizierte berufspraktische Erfahrung voraus.

9.3 Staatsexamina

Absolventen der Medizin, Rechtswissenschaften und Pharmazie erhalten bei Abschluss ihres Studiums keinen akademischen Grad wie Diplom, Magister, Master oder Bachelor. Stattdessen absolvieren sie zum Abschluss ihres Studiums eine Staatsprüfung oder mehrere Staatsprüfungen, die ihnen den Zugang zu bestimmten vom Staat regulierten Berufen (z. B. Ärzte) oder in den Staatsdienst selbst (z. B. Juristen) eröffnen.

9.4 Die alten Abschlüsse

Magister: Im Magisterstudium wird immer eine Fächerkombination aus verschiedenen Magisterteilstudiengängen studiert, die, abgesehen von einigen von den Universitäten festgelegten Ausnahmen, frei wählbar ist.

Kombiniert wird das erste Hauptfach mit einem weiteren Hauptfach oder mit zwei Nebenfächern. Der „Magister/Magistra Artium" berechtigt genau wie ein Diplom zur Promotion. Die Kombinationsmöglichkeiten im Magisterstudium sind zahlreich, so dass die Magisterstudenten ihr Studium nach ihrem Gusto zusammenstellen können. Seit dem Wintersemester 2006/2007 werden nahezu flächendeckend keine Magisterstudiengänge mehr für Erstsemester in Deutschland angeboten. Nachfolger sind die so genannten Kombibachelor.

Diplom: Diplomstudiengänge umfassen das Studium eines Faches bis zum berufsqualifizierenden Abschluss. Sie gliedern sich in ein viersemestriges Grundstudium und ein ca. vier bis fünfsemestriges Hauptstudium. Ihr Diplom erhalten die Studenten nach Abgabe einer Diplomarbeit und dem Ablegen der Diplomprüfungen. An Fachhochschulen wird ein Fachhochschuldiplom erworben. Im Grundstudium werden die Grundlagen des jeweiligen Faches vermittelt. Es wird mit der Vordiplomprüfung abgeschlossen. Vertiefungen in bestimmte Gebiete des Faches sind vor allem im Hauptstudium möglich. Das Hauptstudium endet mit den Diplomprüfungen. Zumeist muss außerdem eine Diplomarbeit abgegeben werden, deren Ausarbeitung mindestens drei Monate in Anspruch nimmt.

An manchen Universitäten muss im Diplomstudiengang ein sogenanntes „Studium Generale" absolviert werden, d. h. die Studenten müssen zusätzlich zu den im Diplomstudiengang verlangten Kursen Lehrveranstaltungen besuchen, die außerhalb ihrer Fachrichtung liegen. An manchen Universitäten ist ein Nebenfach zu belegen, in dem ebenfalls Leistungen erbracht werden müssen. Diplomstudiengänge finden sich vorwiegend in den Ingenieur- und Naturwissenschaften und in den Sozial- und Wirtschaftswissenschaften. Mit der Einführung des europaweiten Bachelor/Master-Systems an Hochschulen und Universitäten werden die Diplomstudiengänge in zwei separate, aufeinander aufbauende Studiengänge aufgeteilt.

Notiere in Feld 22, welchen Studienabschluss du anstrebst.

Feld 22: Angestrebter Abschluss:

10 Berufsaussichten

In Zeiten, in denen sich Arbeitslosigkeit als Dauerthema in den Medien etabliert hat, ist die Verunsicherung stark gewachsen. Die Berufsaussichten sind deshalb heutzutage für die meisten ein sehr wichtiger Faktor bei der Studien- und Berufswahl. Dabei sollte sich aber jeder, der vor einer Studienentscheidung steht, das Folgende bewusst machen:

> *Bildung ist nicht nur das beste Mittel gegen Dummheit, nein, es ist auch das beste Mittel gegen Arbeitslosigkeit.*

Laut Bundesbildungsministerium betrug die Arbeitslosenquote 2009/2010 unter Akademikern (zu denen auch du gezählt wirst, sofern du deine Abschlussprüfungen erfolgreich bestehst) nur 1%. Nur jede(r) Zehnte war inadäquat beschäftigt. Viele Akademiker haben fünf bis zehn Jahre nach ihrem Abschluss das Gefühl, in ihrem Job eine langfristige Perspektive zu haben.

Ein engagierter Student, und hier sei noch einmal auf das Kapitel 1.4 hingewiesen, muss sich also um seine berufliche Zukunft keine allzu großen Sorgen machen. Engagement, Aufmerksamkeit und ein guter Zukunftsplan sind der beste Schutz, sich nicht vom Lieblingssport der Deutschen anstecken zu lassen, der da heißt: sich Sorgen machen.

Eine Studienentscheidung sollte deshalb niemals allein aufgrund von Berufsaussichten getroffen werden, sondern sollte grundsätzlich auf Fähigkeiten und Interessen basieren. In unseren Beratungen haben wir häufig Studienabbrecher, die beispielsweise eine Ingenieurswissenschaft gewählt haben, nur weil es hier besonders gute Berufsaussichten und sehr hohe Einstiegsgehälter gibt. Gedanklich haben sie das Studium einfach übersprungen, ohne sich wirklich mit den Anforderungen eines Ingenieurstudiums zu beschäftigen. Und die sind gewaltig. Das gilt für jedes Fach.

Mach nicht den Fehler und halte das Studium für ein erweitertes Abitur, in dem du so weitermachen kannst wie bisher, womit ich die Anforderungen in der Schule und deine bisherigen Leistungen in keiner Weise schmälern möchte. Aber auch an Bildungsinstitutionen wie den Hochschulen, an denen die Lehrplan-Strukturierung stärker ist als an den Universitäten, wird von dir erwartet, dass du selbstständig geistige Spitzenleistungen erbringst.

Sofern deine einzige Motivation für den gewählten Studiengang nur die schnöde Kohle ist, kann es passieren, dass du deinen studentischen Erstversuch mit Anlauf an die Wand setzt.

Notiere im Feld 23, ob du der Meinung bist „Gute Berufsaussichten sind wichtig" oder ob du eher die Meinung vertrittst „Ich werde meinen Weg schon gehen".

Feld 23: Berufsaussichten:

11 Finanzen und Studium

In Studienabbruchstatistiken finden sich als Abbruchgründe oft finanzielle Probleme. Viele haben die Kosten des Studiums nicht richtig eingeschätzt und scheitern mit ihrem Finanzkonzept. Andere wiederum verzetteln sich in dem Versuch, die Kosten über diverse Nebenjobs zu finanzieren und absolvieren ein Semester nach dem anderen und verschieben immer wieder ihre Prüfungen, weil sie kaum Zeit zum Lernen haben. Aus diesem Grund sollte bereits vor dem Studium eine realistische Planung durchgeführt werden, in der die tatsächlichen Kosten einer möglichen Finanzierung gegenübergestellt wird.

© Alexander Tarasov/Fotolia.com

Nimm die Planung der Studienfinanzierung ernst, denn sie ist von herausragender Bedeutung dafür, dass du gleich von Beginn an konzentriert in deine Studien einsteigen kannst.

Grob geschätzt kostet ein Semester ca. 5.000 €. Für ein gesamtes Studium können so schnell mal 30.000 € (6 Semester Bachelor) bis 50.000 € (Bachelor + zweijähriges Masterstudium) anfallen.

Ich beginne mit den Kosten und werde dann einige Finanzierungsmöglichkeiten aufzeigen.

11.1 Kosten

Studiengebühren: Das Bundesverfassungsgericht hat am 26. Januar 2005 das Verbot von Studiengebühren aufgehoben. In Tabelle 13 findest du eine aktuelle Übersicht zu den Studiengebühren.

Neben den Studiengebühren an den öffentlichen Hochschulen gibt es noch die Studiengebühren an privaten Hochschulen. Diese können je nach Hochschule zwischen 3.000 € und 6.000 € pro Semester betragen.

Tabelle 13: Studiengebühren für Erstsemesterstudenten in ihrem ersten Studium (vgl. Przegendza, 2011)

Bundesland	Studiengebühren für Erstsemester
Baden-Württemberg	500 Euro (Abschaffung zum Sommersemester 2012)
Bayern	Bis 500 Euro
Berlin	Keine
Brandenburg	Keine
Bremen	Keine (500 Euro pro Semester nach dem 14. Fachsemester)
Hamburg	500 Euro (Abschaffung zum Wintersemester 2012/2013)
Hessen	Keine
Mecklenburg-Vorpommern	Keine
Niedersachsen	500 Euro (600 bis 800 Euro ab dem fünften Semester über Regelstudienzeit)
Nordrhein-Westfalen	Keine
Rheinland-Pfalz	Keine (650 Euro ab Überschreitung der 1,75-fachen Regelstudienzeit)
Saarland	Keine
Sachsen-Anhalt	Keine (500 Euro nach dem vierten Semester über Regelstudienzeit sowie bis zu 500 Euro für Zweitstudium)
Sachsen	Keine (bis zu 500 Euro für Zweitstudium)
Schleswig-Holstein	Keine
Thüringen	Keine (500 Euro nach dem vierten Semester über Regelstudienzeit)

Miete: Die finanzielle Belastung durch die Miete sollte nicht unterschätzt werden, denn sie macht einen Großteil der monatlichen Kosten aus. Durchschnittlich geben Studenten 281 € (BMBF, 2010) im Monat für das Wohnen aus.

Du solltest dir Gedanken darüber machen, welche Wohnform für dich in Frage kommt. Wie viel Luxus bist du gewohnt? Auf was kannst du verzichten? Muss es die Innenstadt sein oder ist auch ein Randbezirk für dich akzeptabel, der mit dem Semesterticket, das an vielen Bildungseinrichtungen fast schon obligatorisch mit der Immatrikulation jedes Semester bezahlt wird, gut zu erreichen ist?

Nachfolgend findest du eine Liste aus der 19. Sozialerhebung des Deutschen Studentenwerks (BMBF, 2010), die eine Rangfolge der Hochschulstädte nach der Höhe der durchschnittlichen monatlichen Ausgaben für Miete und Nebenkosten darstellt.

Tabelle 14: Übersicht der durchschnittlichen monatlichen Ausgaben für Miete und Nebenkosten in verschiedenen Hochschulstädten (BMBF, 2010)

Rang	Standort	Miete in € (inkl. Nebenkosten)	Rang	Standort	Miete in € (inkl. Nebenkosten)
1	München	348	28	Rostock	279
2	Hamburg	345	29	Trier	278
3	Köln	333	30	Karlsruhe	276
4	Düsseldorf	330	31	Regensburg	275
5	Frankfurt a. M.	328	32	Potsdam	274
6	Darmstadt	321	33	Dortmund	274
7	Mainz	308	34	Braunschweig	273
8	Stuttgart	306	35	Erlangen-Nürnberg	272
9	Konstanz	305	36	Würzburg	268
10	Heidelberg	301	37	Bielefeld	267
11	Bremen	300	38	Gießen	266
12	Berlin	298	39	Göttingen	261
13	Ulm	298	40	Kassel	260
14	Bonn	298	41	Paderborn	259
15	Wuppertal	297	42	Osnabrück	259
16	Freiburg	294	43	Bochum	258
17	Aachen	293	44	Passau	254
18	Duisburg	289	45	Greifswald	252
19	Lüneburg	288	46	Bamberg	250
20	Tübingen	288	47	Erfurt	249
21	Hannover	285	48	Halle (Saale)	243
22	Saarbrücken	282	49	Oldenburg	242
23	Münster	281	50	Leipzig	236
24	Mannheim	281	51	Magdeburg	236
25	Kiel	280	52	Jena	233
26	Augsburg	280	53	Dresden	223
27	Marburg	279	54	Chemnitz	210

Bedenke, dass du wahrscheinlich keine Miete zahlen musst, wenn du bei deinen Eltern wohnen bleibst. In dem Fall kannst du diesen Posten aus der Rechnung herauslassen.

Überlege dir einfach mal in welcher Stadt du gerne leben würdest, ohne dass wir bisher genau wissen ob du dort überhaupt studieren wirst. Was wirst du für deine Miete benötigen: _____ Euro/Monat

Lebenshaltungskosten: Zu den Lebenshaltungskosten zählen der Krankenkassenbeitrag, Handygebühren, Ausgaben für Lebensmittel, Urlaub und Kleidung etc. Je nach deinen Bedürfnissen können diese Kosten individuell sehr stark variieren. Ebenso zeigen sich auch Unterschiede in den verschiedenen Städten. Aber als Mindestsumme sollte von 500 € ausgegangen werden.

Ein Hinweis für alle Preisfüchse: Fast in jedem Studienort finden sich viele Vergünstigungen und Ermäßigungen für Studenten. Man findet immer ein Schnäppchen. Oft haben sich die Städte auf die Studenten eingestellt und offerieren viele Preisnachlässe oder Studententarife. Es lohnt sich, danach zu suchen.

Überlege nun, welche Kosten bei dir im Monat für folgende Punkte voraussichtlich anfallen werden:

Mobilitätskosten (Auto, Monatskarte, Heimatbesuche etc.) _____ €

Urlaub (Winter-/Sommerurlaub, Wochenendausflüge etc.) _____ €

Kleidung (Schuhe, etc.) _____ €

Krankenkasse
(Studententarif oder private Krankenversicherung) _____ €

Kommunikationskosten (Handy, Telefon, Internet etc.) _____ €

Essen und Trinken (Einkäufe, Mensa etc.) _____ €

Kultur, Sport und Nachtleben (Kino, Kneipe, Fitness etc.) _____ €

Summe der Lebenshaltungskosten pro Monat: _____ €

In Tabelle 15 kannst du dann alle Kosten, die im Semester anfallen, zusammenstellen.

Tabelle 15: Gesamtkosten pro Semester

Kosten für	Kosten pro Semester
Studiengebühren und -beiträge	_____ €
Miete	_____ €
Lebenshaltungskosten	_____ €
Lehrmaterialien	_____ €
Gesamtkosten	_____ €

Ausgehend von den Gesamtposten pro Semester kannst du nun im Feld 24 notieren, mit welchen Ausgaben du pro Monat voraussichtlich rechnen musst.

Feld 24: Kosten pro Monat:

11.2 Finanzierung

Da das Leben kein Wunschkonzert ist, müssen den eben ermittelten Monatsausgaben natürlich Einnahmen gegenüber gestellt werden, ansonsten hat sich das mit dem Studieren ziemlich schnell erledigt. Die gängigsten Finanzierungsmöglichkeiten sind die folgenden:

Finanzierung durch die Eltern: Dies ist eine sehr weit verbreitete Form der Studienfinanzierung. Die Eltern zahlen entweder die komplett anfallenden Kosten oder einen Teilbetrag davon. Manche händigen ihren Kindern auch vor Studienbeginn einen größeren Geldbetrag aus, mit dem diese dann eigenständig planen können. Wichtig ist, dass du vor Studienbeginn mit deinen Eltern darüber sprichst, was sie leisten können und wollen. Gesetzlich sind sie sogar (nach § 1618a BGB) dazu verpflichtet, deine Ausbildung finanziell zu unterstützen – soweit sie das können. Gehe jetzt aber bitte nicht ins Wohnzimmer und sage zu deinen Eltern, dass der Studienberater schreibt, dass Eltern auf jeden Fall finanziell bluten müssen. Das könnte sich ungünstig auf dein Geburtstagsgeschenk auswirken und auf meine Nerven. Der Gesetzgeber hält diesen Paragrafen bereit für wirkliche Härtefälle. In der Regel ist es so, dass Eltern von sich aus ihren Schützlingen gerne unter die Arme greifen. Also sprich einfach mit ihnen!

Eigenes Erspartes: Am angenehmsten ist es natürlich, wenn man sein eigenes Erspartes hat. Man ist niemandem Rechenschaft schuldig, kann über seine Ausgaben selbst verfügen und ist damit frei und ungebunden. Selbst wenn du in den Sommerferien immer fleißig schuften warst, können deine Ersparnisse aber wahrscheinlich nur einen Teil der Gesamtkosten deines Studiums abdecken. Aber besser als nichts.

Jobben neben dem Studium: Dies ist der von den meisten Studenten gewählte Weg zur Studienfinanzierung. Doch er hat seine Tücken. So ist der Job sehr häufig ein Grund, dass sich die Studienzeit um mehrere Semester verlängert. Wenn neben dem Studium „gejobbt" wird, sollte darauf geachtet werden, dass das Studium nicht darunter leidet. Dafür ist zeitliche Flexibilität eines der wichtigsten Kriterien. Es sollten keine Vorlesungen aufgrund des Jobs ausfallen und in Lernphasen sollte es möglich sein, die Stundenzahl auf ein absolutes Minimum zu reduzieren. Ist das nicht möglich, sollte über eine Fremdfinanzierung ernsthaft nachgedacht werden. Vielen ist auch nicht klar, dass ein fertig ausgebildeter Akademiker das Vielfache eines „Studentenjobbers" verdient. Es lohnt sich also, dass Studium möglichst schnell abzuschließen (beachte auch die anfallenden Studiengebühren für Langzeitstudierende in einigen Bundesländern in Tabelle 13). Wer die Option des Studentenjobs trotzdem in Betracht zieht, dem sei gesagt, dass jeder, der einen Job sucht, auch einen finden wird. Gerade in den größeren Städten werden Studenten gern für Hilfstätigkeiten eingestellt, da für sie aufgrund ihres Studentenstatus vom Arbeitgeber meist keine Sozialabgaben entrichtet werden müssen. Stundenlöhne variieren natürlich von Stadt zu Stadt und von Tätigkeit zu Tätigkeit, aber bei einem 400 €-Job wird man in der Regel pro Woche nicht mehr als 12 Stunden arbeiten müssen. Wer mehr will, wird mehr Zeit einplanen müssen. Informiere dich so früh wie möglich über den Arbeitsmarkt für Studenten in deinem Studienort, wenn du mit dieser Option liebäugelst und gern dein eigener Herr oder deine eigene Dame bist.

Für Studierende in höheren Fachsemestern kann ein Job als studentische Hilfskraft an der Hochschule oder als Werkstudent(in) in einem Unternehmen sehr interessant sein. So können Fachinhalte vertieft, Netzwerke geknüpft und Praxiserfahrungen gesammelt werden.

BAföG: Das BAföG ist die bekannteste Form der Studienfinanzierung. Diese finanzielle Förderung ist für diejenigen gedacht, deren eigenes Einkommen und Vermögen oder das der Eltern nicht ausreicht, um das Studium zu finanzieren. BAföG gibt es nur für die Regelstudienzeit und ist zur einen Hälfte ein

staatlicher Zuschuss (muss nicht zurückgezahlt werden) und zur anderen Hälfte ein Staatsdarlehen (muss nach dem Studium mit Zinsen zurückgezahlt werden). WICHTIG – momentan ist es noch so geregelt, dass diejenigen, die innerhalb der Regelstudienzeit fertig werden und zu den besten 30 % des Abschlussjahrgangs gehören, Teile der Rückzahlung erlassen bekommen. Für den Erhalt von BAföG gilt im Groben:
- Die Ausbildung muss „förderungsfähig" sein. Fast alle Hochschulen, Akademien, höhere Fachschulen und anerkannte Fernunterrichtslehrgänge sind als „förderungsfähig" anerkannt.
- Der Geförderte muss die deutsche Staatsangehörigkeit besitzen.
- Die Leistungen des Geförderten müssen erwarten lassen, dass das Ausbildungsziel erreicht wird. Hierbei muss nach dem 5. Semester ein Eignungsnachweis erbracht werden.
- Grundsätzlich kann nur gefördert werden, wer das Studium vor Vollendung des 30. Lebensjahres beginnt. Ausnahmen sind möglich.
- Die Förderhöchstdauer (meist die Regelstudienzeit) darf nicht überschritten werden. Ausnahmen sind möglich.

Der individuelle Förderungsbetrag kann leicht mit Hilfe eines BAföG-Rechners ermittelt werden, z. B. beim Bundesministerium für Bildung und Forschung unter www.bafoeg.bmbf.de.

Da die Beantragung des Bafögs ein komplexer Vorgang ist, empfehle ich jedem vorher eine Beratung beim Studentenwerk wahrzunehmen.

Kindergeld: Eine Berechtigung für den Empfang von Kindergeld für Kinder über 18 Jahre existiert bis zur Vollendung des 25. Lebensjahres, wenn diese eine Berufsausbildung absolvieren. Es besteht also auch im Studium ein Anspruch auf Kindergeld, sofern die Einkünfte des Kindes nicht den Betrag von jährlich 8.004 € (Stand 2011) überschreiten. BAföG-Leistungen, die nicht in Form eines Krediters gewährt werden, werden zu den Einkünften gezählt. Der Anspruchszeitraum verlängert sich, falls Wehrdienst, Zivildienst oder ein freiwilliges soziales Jahr absolviert wurden. Die Höhe des Kindergeldes beträgt (Stand 2011) für das erste und zweite Kind je 184 €, für das dritte Kind je 190 € und für jedes weitere Kind 215 €.

In der Regel wird das Kindergeld den Eltern ausgezahlt. Das Weiterleiten dieser staatlichen Unterstützung von den Eltern an den noch mittellosen Studenten wäre also ein möglicher Anfang für die finanzielle Basis.

Bildungsförderung der KFW: Die KfW-Förderbank fördert Ausbildung, Weiterbildung und Hochschulstudium mit zinsgünstigen Krediten, zum Beispiel mit dem Bildungskredit, der Studenten in fortgeschrittenen Ausbildungsphasen unterstützen soll. Der Bildungskredit kann auch zusätzlich zu BAföG-Leistungen zur Finanzierung von außergewöhnlichem, nicht durch das BAföG erfasstem Aufwand gewährt werden. Besonderheit: Die Kreditvergabe ist im Gegensatz zum BAföG unabhängig vom eigenen Einkommen oder vom Einkommen der Eltern oder des Ehegatten.

Trotzdem ist er an einige Bedingungen geknüpft. So erhalten den Bildungskredit:
- Studenten, die die Zwischenprüfung bestanden haben,
- Studenten, die den ersten Teil eines Konsekutiv-Studiengangs abgeschlossen haben, ein postgraduales Studium oder ein Masterstudium betreiben,
- Studenten eines Zusatz-, Ergänzungs- oder Aufbaustudiums,

Weitere Einschränkungen, Details und Informationen unter www.kfw-foerderbank.de.

Studienkredite: Studienkredite gelten für viele immer noch als rotes Tuch, da die Kreditnehmer verschuldet aus einem Hochschulstudium gehen. Dabei wird vergessen, dass dies nicht nur Risiken, sondern auch Chancen birgt: Wer alle Zeit und Konzentration auf sein Studium verwendet, kann dies meist schneller und besser absolvieren und hat es damit auch leichter einen Job zu finden, so dass sich ein Kredit sehr schnell bezahlt machen kann. Informationen zu Studienkrediten finden sich zum Beispiel unter:
- www.bildungsfonds.de/,
- www.deutsche-bildung.de/,
- www.deutsche-bank.de/pbc/content/studium_und_finanzen-studenten_kredit.html,
- www.dresdner-studentenbanking.de/,
- www.dkb-studenten-bildungsfonds.de/,
- www.kfw-foerderbank.de/,
- www.sparkasse.de/s_finanzgruppe/studienkredit.html,
- www.vr-bildungsfinanzierung.de/banksuche.php.

Stipendien, Nachwuchs- und Begabtenförderung: Begabtenförderungen und Stipendien werden von verschiedenen Stiftungen vergeben. Grundlage der Förderprogramme ist immer eine individuelle Förderung besonders begabter

und/oder motivierter Studierender und Doktoranden. Studienstipendiaten werden meist aufgrund von Vorschlägen der Hochschulen, bzw. der Hochschulprofessoren, durch Wettbewerbe oder durch Initiativbewerbungen ermittelt. Die Geförderten erhalten nicht rückzahlbare Stipendien über definierte Zeiträume. Begabtenförderungen und Stipendien können in der Regel erst nach Beginn des Studiums beantragt werden. Sie wenden sich nicht ausschließlich an Studierende mit besonders guten Noten, sondern auch an solche, die über die Leistungen hinaus Potenzial für einen zukünftigen, bedeutsamen Beitrag zum Gemeinwesen erkennen lassen. Oft müssen Bewerbungen zu bestimmten Terminen eingereicht werden. Diese sind in der Regel auf der Website der Stiftung zu erfahren. Weitere Informationen können den folgenden Webseiten entnommen werden:
- www.begabte.de,
- www.begabtenfoerderungswerke.de.

Die wichtigsten bundesweiten Begabtenförderungswerke und Stiftungen:
- *Heinrich-Böll-Stiftung (www.boell.de)*. Förderung deutscher und ausländischer Studierender und Graduierter aller Fachrichtungen; Gezielte Förderung von Frauen, insbesondere in naturwissenschaftlichen und technischen Fächern; Studien-, Promotions- und Aufbaustipendium, auch Auslandsaufenthalte; Teilnahme an den Seminaren der Stiftung erwünscht.
- *Studienstiftung des deutschen Volkes e. V. (www.studienstiftung.de)*. Förderung von deutschen Studierenden an wissenschaftlichen und künstlerischen Hochschulen, auch Auslandsaufenthalte und Promotion; Studenten und Abiturienten können sich nicht selbst bewerben, sondern müssen von ihren Dozenten oder Lehrern vorgeschlagen werden.
- *Friedrich-Ebert-Stiftung e. V. (www.fes.de)*. Förderung von deutschen Studenten und Studierenden aus Entwicklungsländern, gefördert wird Erststudium und Promotion, Teilnahme an den Seminaren der Stiftung erwünscht.
- *Rosa-Luxemburg-Stiftung e. V. (www.rosaluxemburgstiftung.de)*. Die Stiftung vergibt Stipendien an Studierende und Promovierende, die sich für soziale Gerechtigkeit, Demokratie und Freiheit kritischen Denkens einsetzen.
- *Friedrich-Naumann-Stiftung (www.fnst.org)*. Förderung von deutschen Studenten nach dem 3. Semester, ausländische Studierende nach einer akademischen Zwischenprüfung, Priorität für Bewerber, die Promotion oder Aufbaustudium antreten.
- *Konrad-Adenauer-Stiftung e. V. (www.kas.de)*. Förderung deutscher und ausländischer Studenten und Graduierter, studienbegleitendes Seminarprogramm für fächerübergreifenden Gedankenaustausch.

- *Hans-Böckler-Stiftung (www.boeckler.de)*. Mitbestimmungs-, Forschungs- und Studienförderungswerk des Deutschen Gewerkschaftsbundes (DGB), v. a. für Studierende im zweiten Bildungsweg.
- *Gottlieb Daimler- und Karl Benz-Stiftung (www.daimler-benz-stiftung.de)*. Förderung von Forschungstätigkeit im Ausland, alle Bereiche, Voraussetzung ist ein eigenes Forschungsvorhaben, Altersgrenze bei 30 Jahren.
- *Otto Benecke Stiftung e. V. (www.obs-ev.de)*. Förderung und schulische sowie sprachliche Ausbildung für Spätaussiedler, Asylbewerber und Kontingentflüchtlinge.
- *Cusanuswerk – Bischöfliche Studienförderung (www.cusanuswerk.de)*. Förderung katholischer Studierender aller Fachrichtungen.
- *Evangelisches Studienwerk e. V. Villigst (www.evstudienwerk.de)*. Förderung von evangelischen Studierenden, es wird ein interdisziplinärer Kontext erwartet.
- *Hanns-Seidel-Stiftung e. V. (www.hss.de)*. Förderung von Studierenden aller Hochschulen.
- *Stiftung der Deutschen Wirtschaft e. V. (www.sdw.org Studienförderwerk Klaus Murmann)*. Im Zentrum des Programms steht die Förderung von unternehmerischem Denken und Handeln. Es wendet sich vor allem an begabte Studenten und Doktoranden aller Fachrichtungen.

Duales oder vergütetes Studium: Dual Studierende verbringen die Hälfte ihrer Ausbildungszeit in einem ausbildenden Unternehmen, die andere Hälfte in der Bildungsinstitution. Vor Studienbeginn schließen Student und Unternehmen einen Ausbildungsvertrag. Der Student erhält während der gesamten Studienzeit ein Ausbildungsgehalt, das im besten Fall alle Lebenshaltungskosten abdeckt. Dabei sollte jedoch berücksichtigt werden, dass diese Form des Studiums eine doppelte Belastung und nicht sehr freizeit- und familienfreundlich ist.

Eine sehr ähnliche Möglichkeit bietet die Bundeswehr. Hier verpflichtet sich der Student für 13 Jahre bei der Bundeswehr zu bleiben. Nur damit keine Missverständnisse auftauchen, noch einmal deutlich: Wenn du bei der Bundeswehr studieren willst, verpflichtest du dich für 13 Jahre Soldat zu sein, genauer gesagt: Offizier. Du bekommst zwar ein gutes Gehalt, aber dafür studieren die Offiziersanwärter auch nicht in luschigen Semestern, sondern in straff organisierten Trimestern. Der Staat will schließlich etwas für sein Geld haben.

Tabelle 16: Vor- und Nachteile der jeweiligen Finanzierungsmöglichkeiten im Überblick

Finanzierungsmöglichkeit	Vorteile	Nachteile
Finanzierung durch die Eltern	Einfache und unbürokratischste Finanzierung des Studiums, je nach Höhe der Unterstützung, ist oftmals keine weitere Finanzierungsform notwendig.	Abhängigkeit vom Elternhaus.
Eigenes Erspartes	Einfache und unbürokratische Möglichkeit. Gibt einen hohen Grad an Unabhängigkeit und Selbstbestimmtheit.	Die Rücklagen für schlechtere Zeiten oder für die Gründung einer Familie, Kauf von Eigentum, etc. werden dadurch angegriffen.
Jobben neben dem Studium	Gutes Gefühl, selbst für das Leben aufzukommen. Praxiserfahrung während des Studiums, keine Schulden.	Kostet viel Zeit. Kann die Studiendauer verlängern. Kann die Studienleistungen beeinträchtigen.
BAföG	Nur die Hälfte des Betrages muss zurückbezahlt werden. Student kann sich auf das Studium konzentrieren.	Die Hälfte des Betrages muss zurückbezahlt werden. Die meisten Studenten sind nicht BAföG berechtigt.
Kindergeld	Kann jeder bekommen.	Reicht zur alleinigen Studienfinanzierung nicht aus.
Bildungskredit	Einkommen und Vermögen des Antragstellers oder der Eltern spielt keine Rolle. Kann zusätzlich zum BAföG bezogen werden. Student kann sich auf das Studium konzentrieren.	Antragsteller muss bereits einen fortgeschrittenen Studienabschnitt erreicht haben. Betrag muss nach dem Studium zurückbezahlt werden.
Studienkredite	Man kann sich auf das Studium konzentrieren. Kredite werden elternunabhängig vergeben.	Betrag muss nach dem Studium zurückbezahlt werden.

Tabelle 16: Fortsetzung

Finanzierungs-möglichkeit	Vorteile	Nachteile
Stipendien/Förderprogramme	Man muss sich nicht verschulden und es macht sich gut im Lebenslauf.	Ist meist an Auflagen (z. B. Leistung oder Themen) geknüpft.
Duales oder vergütetes Studium	Studienfinanzierung ist umfangreich abgesichert. Praxiserfahrung neben dem Studium. Beste Karrierechancen!	Hoher Aufwand. Feste Bindung an Arbeitgeber, wenig Flexibilität. Sehr frühe Bewerbung notwendig!

Nun wollen wir mal wieder Fakten schaffen: Karten auf den Tisch! Wie viel kommt denn im Monat rein? Sind dadurch deine Ausgaben gedeckt (vgl. Tab. 17)?

Tabelle 17: Einnahmen pro Monat

Mögliche Einnahmequellen	Einnahmen pro Monat
Eltern	_____ €
Erspartes	_____ €
Kindergeld	_____ €
Zwischensumme	_____ €
Reicht das Geld oder benötigst du zusätzliche Einnahmequellen? Prüfe die Folgenden:	
Jobben neben dem Studium	_____ €
BAföG	_____ €
Bildungskredit	_____ €
Studienkredit	_____ €
Stipendien/Förderprogramme	_____ €
Duales/Vergütetes Studium	_____ €
Gesamte Einnahmen pro Monat	_____ €

Notiere im Feld 25 deine monatlichen Einnahmen.

Feld 25: Einnahmen pro Monat:

12 Studienbereiche

Die Wissenschaft gliedert sich seit dem Entstehen der ersten Universitäten im Mittelalter in verschiedene Teilbereiche, die im Laufe der wissenschaftlichen Entwicklung immer umfassender und differenzierter wurden. Es bildeten sich viele verschiedene Einzeldisziplinen heraus, die sich wiederum in die unterschiedlichsten Studiengänge unterteilen lassen.

Um einzelne Studiengänge finden zu können, werde ich größere Fächergruppen vorstellen, die anschließend als Ausgangsbasis der Recherche dienen. Die Fächergruppen sind natürlich nicht beliebig zusammengestellt, sondern ähneln der Ausrichtung von Fakultäten an Universitäten und Hochschulen. Die nachfolgenden Beschreibungen geben die typischen Aspekte einer Fächergruppe an.

So wie es an Fakultäten oft Studiengänge gibt, die nicht in diesen Bereich zu gehören scheinen, kann es im Einzelfall auch möglich sein, dass bei eurer späteren Recherche Studiengänge einem Fachbereich zugeordnet sind, die nicht typisch für den Fachbereich sind und auch in einigen Punkten von der Beschreibung der Fachbereiche abweichen. Dies hängt damit zusammen, dass aufgrund der Vielzahl von Studiengängen einzelne nicht genau diesem oder jenem Fachbereich zugeordnet und einige Studiengänge auch bei mehreren Fächergruppen eingeordnet werden können.

Ein Beispiel hierfür wäre die Sportwissenschaft. In Deutschland lässt sich ein Sportstudium mit den unterschiedlichsten Fachbereichen kombinieren. So ließe sich Sport beim Lehramt (Beispiel: Lehramt Sport), bei der Medizin (Beispiel: Sporttherapie, Prävention und Rehabilitation) oder den Wirtschaftswissenschaften (Beispiel: Sportökonomie), aber auch bei den Ingenieurswissenschaften (Beispiel: Sport und Technik) einordnen.

Solltest du in den beschriebenen Fächergruppen eine Disziplin vermissen, wird sie einen ähnlichen Charakter aufweisen wie die Sportwissenschaft. Wenn du an diesen Disziplinen Interessen hast, notiere dir diese und überprüfe bei der späteren Recherche, inwiefern sie mit den von dir favorisierten Fachbereichen zu kombinieren sind.

Ich möchte noch einmal darauf hinweisen, dass es wichtig ist, dass du dich intensiv mit den Fachrichtungen und Studiengängen und ehrlich mit deiner Einstellung ihnen gegenüber auseinandersetzt. Denn oft ist der Hauptgrund für den Abbruch eines Studiums, dass am Anfang keine Klarheit über die Anforderungen im Studium und über die wichtigsten Voraussetzungen für spätere Tätigkeiten in diesem Fachbereich existierten. Dies gilt für Lehramtsstudenten wie für Studenten der Ingenieurswissenschaften gleichermaßen.

12.1 Lehramtsstudiengänge – Zurück in die Schule!

Studierende aus dem Fachbereich Lehramt landen normalerweise wieder in der Schule.

© Monkey Business/Fotolia.com

Lehrerbildung ist Ländersache. Die Lehrerausbildung unterscheidet sich deshalb je nach Bundesland in Studienverlauf und Kombinationsmöglichkeiten der Fächer. Generell werden zwei oder drei Fächer studiert, hinzu kommen Pädagogik und die auf das Fach ausgerichtete pädagogische Vermittlung (Didaktik) sowie Schulpraktika.

Mit großer Wahrscheinlichkeit werden Absolventen des Fachbereichs „Lehramt" in den verschiedenen Schultypen Verwendung finden. Daher ist es neben der Begabung für die jeweiligen Schulfächer wichtig, dass zukünftige Lehramts-Studenten Gefallen daran finden, anderen Menschen Dinge zu erklären, hilfsbereit zu sein, sich verständlich auszudrücken und viel Geduld zu zeigen.

Studium

Typische Lehramtsfächer sind Deutsch, Mathematik, Erdkunde, Sozialkunde, Musik, Bildende Kunst, Religionslehre und Sport, sowie an weiterführenden Schulen Geschichte, Englisch, Französisch, Wirtschaftslehre, Physik, Chemie, Biologie, Informatik, Latein und Griechisch.

Lehramtsstudenten brechen verhältnismäßig selten das Studium ab. Nur 14 % der Studierenden beenden das Studium ohne Abschluss, wobei hauptsächlich falsche Vorstellungen vom Lehrerberuf vor der Einschreibung Grund für den

Abbruch des Studiums sind. Wenige Studenten kommen mit dem Lernpensum nicht zurecht oder brechen aus finanziellen Gründen ab.

Allen zukünftigen Lehramtsstudenten muss klar sein, dass sie in ihren gewählten Fächern mit den gleichen Anforderungen konfrontiert werden wie Bachelor- oder Masterstudenten. Es gibt keine „Light-Versionen" von Wissenschaften. Auch zukünftige Mathematiklehrerinnen und Mathematiklehrer an Grundschulen müssen ein nahezu vollständiges Mathematikstudium durchlaufen und benötigen daher eine ausgeprägte mathematische Begabung. Allerdings gibt es Unterschiede in den einzelnen Lehramtsstudien, die den verschiedenen Schulformen, an denen unterrichtet werden kann, geschuldet sind.

Abgesehen davon sollten aber alle zukünftigen Lehrer kommunikatives Geschick im Umgang mit vor allem jungen Menschen aufweisen. Wer Menschen nicht mag, gerne für sich ist oder große Probleme hat, sich vor anderen zu präsentieren, sollte sich besser nach Alternativen umschauen.

Tabelle 18: Wichtige Hinweise zu Lehramtsstudiengängen

Was unbedingt erforderlich ist	• Hohe Kommunikationsfähigkeit • Hohe Konfliktfähigkeit • Hohe Kontaktfähigkeit • Großes Einfühlungsvermögen • Hilfsbereitschaft
Welche Interessensgebiete werden bedient?	• Vordergründig: Soziale Orientierung (S) • Weiterhin: Je nach Fächerwahl
Typische Berufe	• Lehrer für Grund- und Hauptschule • Lehrer für Sonderschulen und Sonderpädagogik • Lehrer für Realschulen • Lehrer für Gymnasien • Lehrer für berufsbildende Schulen • Coach/Trainer
Welche Hochschulen in Deutschland finde ich gut für Lehramtsstudiengänge	• Uni Eichstätt-Ingolstadt • Uni Freiburg • Uni Göttingen • Uni Heidelberg • Uni Kiel • Uni Tübingen

Berufsperspektiven

Die Berufsaussichten selbst hängen vom Unterrichtsfach und vom Bundesland ab und differieren zum Teil sehr stark. Die Unterrichtsfächer sind in den Bundesländern verschieden stark gefragt. Lehrer der Naturwissenschaften werden meist überall verzweifelt gesucht, während Deutschlehrer schwer eine Anstellung finden und auch schon im Studium nach weiteren Einsatzmöglichkeiten Ausschau halten sollten, die definitiv existieren. Gerade im Bereich Coaching sind oft studierte Lehrer zu finden. Daher sollten die Unterrichtsfächer vor allem nach eigenen Vorlieben ausgewählt werden, auch wenn die Kultusministerkonferenz und die Ministerien einzelner Bundesländer zum Lehrerbedarf Prognosen herausgeben, an denen man sich orientieren könnte. Absolventen arbeiten in erster Linie im staatlichen Schuldienst. Daneben können sie aber auch in der Erwachsenenbildung oder in Bildungseinrichtungen von Kirchen, Verbänden oder Unternehmen lehren.

12.2 Sozialwesen, Psychologie, Pädagogik und Erziehungswissenschaften – Der Mensch und wie er sich erlebt

Ebenso wie im Lehramtsfachbereich spielt in dieser Fächergruppe das kommunikative, soziale und zum Teil auch pädagogische Element eine große Rolle. Obwohl dieser Bereich die Arbeit mit Menschen jeglichen Alters anvisiert, stellt die Arbeit mit Kindern einen sehr beliebten Aspekt in diesem Bereich dar.

Die Arbeit mit Kindern ist ein sehr beliebter Bereich in der Pädagogik.

© Köpenicker/Fotolia.com

Wer sich für ein Studium in dieser Fächergruppe interessiert, sollte ein überdurchschnittliches Interesse an Menschen und ihren Problemen und Sorgen haben. Ein gutes Einfühlungsvermögen und eine ausgeprägte Hilfsbereitschaft sind fast ebenso zwangsläufig von Nöten wie ein Interesse an gesellschaftspolitischen und ethischen Fragen. Gute Fähigkeiten im Fach Deutsch und besonders für ein Psychologiestudium in Mathematik sollten vorhanden sein. Ziel der Studiengänge in diesem Bereich ist es in der Regel,

Menschen in kritischen psychosozialen Situationen zu helfen und präventive Strategien und Maßnahmen zu entwickeln. Da in diesem Bereich oft mit menschlichen Schicksalen umgegangen werden muss, sollte neben einer ausgeprägten Leistungsbereitschaft ebenfalls eine höhere psychische Belastbarkeit vorhanden sein.

Studium

Die Psychologie versteht sich selbst als Naturwissenschaft. Aus diesem Grunde wird großes Gewicht auf statistische Berechnungen gelegt, womit wir wieder bei der Mathematik wären. Die Psychologie beschäftigt sich natürlich mit „Störungen" der menschlichen Psyche. Aber dies stellt nur einen Bereich dar. Die Psychologie als abstrakte Wissenschaft beschäftigt sich vor allem mit den Formen und Gesetzmäßigkeiten des Erlebens, Verhaltens und Handelns des Menschen und von Menschengruppen, um so Handlungsanweisungen erstellen zu können.

Aufgabe von Sozialarbeit und Sozialpädagogik ist es, Menschen zur Reflexion ihrer „schwierigen" psychosozialen Lage anzuregen und bei der Verbesserung dieser Verhältnisse zu helfen. Hierzu vermitteln Sozialarbeit und Sozialpädagogik persönliche und materielle Hilfen zur Verhinderung oder Überwindung von Notlagen und zur Bewältigung von Problemen.

Pädagogik und Erziehungswissenschaft sind nicht allein Bereiche der Lehramtsausbildung, sondern dienen auch der Ausbildung von Personen, die in anderen gesellschaftlichen Bereichen wie der Jugend- und Erwachsenenbildung tätig sind. Als Ziel in diesen Studiengängen kann es angesehen werden, dass der Studierende befähigt wird, andere zu einem selbstständigen und verantwortungsvollen Leben in der Gesellschaft hinzuführen. Dabei ist es im Studium wichtig, verschiedene Formen der Herangehensweise an verschiedene Zielgruppen zu erlernen, um diese adäquat mit den Bildungs- und Informationsangeboten versorgen zu können, die für sie passend sind.

Jedem Interessenten in den Bereichen Sozialarbeit, Pädagogik und Erziehungswissenschaft sollte klar sein, dass er mit wissenschaftlichen Methoden und Arbeitsweisen konfrontiert werden wird, was letztlich bedeutet, dass das Studium zunächst von der späteren praktischen Arbeit abweicht. Bevor sie helfen können, müssen sie erst das „Wie" des Helfens erlernen. Und zu diesem „Wie" gehört für manchen Studiengang auch die allseits beliebte Statistik, die bereits in den ersten Semestern die engagierten Studenten erwartet. Du solltest also dein Ziel stets vor Augen haben, um dich auch durch diese eher unbeliebten (aber wichtigen) Aspekte des Studiums quälen zu können.

Berufsperspektiven

Die graduierten Sozialarbeiter, Sozialpädagogen und Erziehungswissenschaftler stürzen sich nach dem Abschluss fast ausschließlich in die Praxis. Jetzt wissen sie, wie „das Helfen" geht. Sie arbeiten vorwiegend in der Jugend- und Familienhilfe, in Sozialstationen, in Heimen und Werkstätten für behinderte Kinder oder der Erwachsenenbildung, wo sie oft bei sozialen Trägern, NGO's, Stiftungen im Sozialbereich und staatlichen Einrichtungen angestellt sind.

Bei den Psychologen arbeitet circa die Hälfte im Bereich der klinischen Psychologie, also in der eigenen psychotherapeutischen Praxis, in Kliniken, Beratungsstellen oder der Behindertenbetreuung. Psychologen werden heute aber auch vermehrt von Wirtschaftsunternehmen eingestellt und dort z. B. im Bereich der Produktentwicklung, der Werbung, der Marktforschung, der Personalauswahl und -entwicklung eingesetzt. Psychologen können ebenfalls eine Anstellung bei Gericht, in Meinungsforschungsinstituten, in der Wissenschaft und auch in der Pharmaindustrie finden.

Tabelle 19: Wichtige Hinweise zu Studiengängen im Bereich Sozialwesen, Psychologie, Pädagogik und Erziehungswissenschaften

Was unbedingt erforderlich ist	• Hohe Kommunikationsfähigkeit • Hohes Einfühlungsvermögen • Hohe Kontaktfähigkeit • Hohe Hilfsbereitschaft • Gute Noten in Mathematik und Deutsch
Welche Interessensgebiete werden bedient?	• Vordergründig: Soziale Orientierung (S) • Außerdem: Künstlerisch-sprachliche Orientierung (A) • Weiterhin je nach Ausrichtung: Unternehmerische Orientierung (E)
Typische Berufe	• Street Worker • Studienberater • Psychologe im Bereich Personalauswahl und -entwicklung • Psychotherapeut • Kinder- und Jugendpsychotherapeut • Markt- und Meinungsforscher
Welche Hochschulen in Deutschland finde ich gut für Sozialwesen, Psychologie, Pädagogik und Erziehungswissenschaften	• Uni Bielefeld • TU Dresden • Uni Freiburg • Uni Heidelberg • Uni Mannheim • LMU München

12.3 Wirtschaftswissenschaften – Das Studium der Effizienz

Management bedeutet oftmals Arbeit mit dem Computer in einem konservativen Umfeld.

© pressmaster/Fotolia.com

Es sind Wirtschaftswissenschaftler, die Wege und Methoden entwickeln, um ökonomische Vorgänge zu optimieren, um so Geld zu sparen und den Gewinn zu vermehren. Das einzelne Unternehmen ist dabei ebenso Gegenstand der Analyse wie nationale Volkswirtschaften und das globale Wirtschaftssystem. Je nach Studiengang verschieben sich hier die Gewichtungen.

Die starke Ausrichtung unserer Welt auf wirtschaftliche Abläufe hat natürlich Auswirkungen auf diese Studiengänge. Sie gehören zu den beliebten Massenstudiengängen und öffnen sich für Studenten an Universitäten mit gutem Ruf nur nach strengen Aufnahmekriterien. Für BWL und VWL sind Mathematik, Wirtschaft/Sozialkunde und Deutsch sehr wichtig. Von großem Vorteil sind gute Englischkenntnisse, da dies nicht nur die Sprache ist, in der ein Großteil der wichtigen Fachliteratur erscheint, sondern auch weil es die „Wirtschaftssprache" schlechthin ist. Ohne gute Englischkenntnisse wird man als Wirtschaftswissenschaftler kaum eine Stelle in einem wichtigen Wirtschaftsinstitut oder in einem transnational arbeitenden Konzern bekommen. Mathematik hingegen wird nicht nur für den Umgang mit Bilanzen gebraucht, sondern auch für die Bildung von abstrakten Modellen, denn, wie gesagt, das Hauptaufgabenfeld von Wirtschaftswissenschaftlern ist die Analyse und Optimierung von ökonomischen Sachverhalten. Oder anders ausgedrückt: Wer gut wirtschaften möchte, sollte Geld zählen können.

Studium

Ich schreibe es nicht zum ersten Mal in diesem Leitfaden: Mathematik und Statistik sind „Todesfächer" – auch in den Wirtschaftswissenschaften. Bereits im Grundstudium kommen die Studenten nicht um mathematisches Denken herum. Es wird durch diese Fächer gnadenlos aussortiert.

Eine hohe Transferfähigkeit, also das Lösen unbekannter Probleme mit Hilfe erlernter Techniken, ist ebenso erforderlich wie ein gutes Maß an Kommunikations- und Konfliktfähigkeit, eine hohe Leistungsbereitschaft und die Fähigkeit, Lehrstoff schnell auswendig zu lernen.

Auch wenn sich die Volkswirtschaftler tendenziell eher abstrakt mit gesamtwirtschaftlichen Zusammenhängen und deren Steuerungsmechanismen und die Betriebswirtschaftler mit einzelnen Unternehmen und dessen Arbeits- und Wirtschaftsbedingungen beschäftigen, werden in beiden Studiengängen beide Inhalte vermittelt.

Berufsperspektiven

Für Volks- und Betriebswirtschaftler gibt es vielfältige Arbeitsfelder, was mit der bereits genannten Ausrichtung unserer Welt auf die Wirtschaft zusammenhängt. Wirtschaftliche Berechnungen, Prognosen und Analysen sind für jede Institution, die am öffentlichen Leben teilnimmt, notwendig. Für Betriebswirte eignen sich vor allem Tätigkeiten in Marketing, Vertrieb, im Controlling und im Rechnungswesen. Volkswirte haben ihre Einsatzmöglichkeiten eher dort, wo komplexere Wirtschaftsplanungen notwendig sind, wozu auch Strategieüberlegungen in Unternehmen gehören können.

Aufgrund der Beliebtheit der beiden Fächer und somit hoher Absolventenzahlen wird es auf dem Arbeitsmarkt für Betriebs- und Volkswirte manchmal eng. Wichtig ist es daher, bereits im Studium „richtige" Schwerpunkte zu setzen, Praktika zu absolvieren und einen Auslandsaufenthalt durchzuführen. Auch wenn sich das nach „Schwierigkeiten" anhören könnte, sei wieder auf das Engagement verwiesen und darauf, dass bei den Betriebs- und Volkswirten das Netzwerk sehr gut funktioniert und dank diesem, zahlreichen Jobmessen und studentischen Interessenvertretungen 70 % der Betriebswissenschaftler bereits vier Monate nach Abschluss des Studiums im Beruf stehen.

Zwar bricht jeder dritte Student der Wirtschaftswissenschaften sein Studium ab, aber in der Regel nicht, weil ihm die Anforderungen zu hoch geworden sind oder das Fach keine Identifikation mehr ermöglicht, sondern ganz einfach, weil Praktika, Jobs und Arbeit im Fachbereich zu Anstellungen geführt haben, so dass die fortgesetzte theoretische Ausbildung keinen Nutzen mehr hat. Ich möchte hier nur kurz erwähnen, dass ich das zwar verstehen kann, aber wenn du einmal in diese Situation kommst, beende bitte zunächst dein Studium. Einmal einen Titel in der Tasche, kannst du immer wieder darauf aufbauen und deine Chancen und vor allem deine Verdienstmöglichkeiten erhöhen. Auch wenn es nicht einfach sein mag, kann es sich in der Zukunft auszahlen, einmal zwei Jahre lang mit weniger Schlaf auszukommen.

Gerade für Wirtschaftswissenschaftler kann es von großem Vorteil sein, sich zusätzlich intensiv mit gesellschaftlichen, kulturellen und naturwissenschaftlichen Abläufen zu beschäftigen, denn gerade als Wirtschaftswissenschaftler ist man prädestiniert dazu, sich selbstständig zu machen. Sie besitzen das Know-How, wissen wie „es" geht. Ein umherschweifender Wirtschaftsgeist kann in unserer Welt viele Möglichkeiten für Unternehmensgründungen entdecken. Und je besser sein Mathe, desto besser kann er seine Chancen ausrechnen.

Tabelle 20: Wichtige Hinweise zu Studiengängen im Bereich Wirtschaftswissenschaften

Was unbedingt erforderlich ist	• Hohe Kommunikationsfähigkeit • Hohe Konfliktfähigkeit • Durchsetzungsvermögen • Gute Noten in Mathematik, Deutsch und Englisch
Welche Interessensgebiete werden bedient?	• Vordergründig: Unternehmerische Orientierung (E) • Außerdem: Konventionelle Orientierung (C) • Oftmals: Intellektuell-forschende Orientierung (I)
Typische Berufe	• Manager/Geschäftsführer • Wirtschaftsprüfer, Steuerberater, Controller • Fondsmanager • Abteilungsleitung Marketing
Welche Hochschulen in Deutschland finde ich gut für Wirtschaftswissenschaften	• KU Eichstätt-Ingolstadt • ZU Friedrichshafen (privat) • Uni Mannheim • LMU München • Uni Münster • FH Münster • HS Pforzheim • ESB Reutlingen • HS Stralsund • WHU Vallendar (privat)

12.4 Rechts- und Gesellschaftswissenschaften – Die Ordnungsgefüge des Zusammenlebens

Wer Rechts- oder Gesellschaftswissenschaften studiert verbringt viel Zeit in Bibliotheken mit Lesen und Lernen.

© Kzenon/Fotolia.com

Angehende Rechts- oder Gesellschaftswissenschaftler werden einen Großteil ihres Studiums in Bibliotheken mit Lesen und Lernen zubringen. Gesellschaftswissenschaften, zu denen Soziologie, Politologie und ihre diversen Ableger gehören, beschäftigen sich mit den nationalen und globalen Zusammenhängen von Politik, Wirtschaft und Sozialstruktur und deren Auswirkungen auf unser aller Leben.

Im stark formalisierten Jurastudium werden Gesetze und Verordnungen, die das gesellschaftliche Zusammenleben regeln sowie Art und Weise und Konsequenzen der Rechtsprechung vermittelt. Das Jurastudium verlangt ein hohes Maß an Disziplin und Leistungsbereitschaft. Das trifft zwar auf jedes Studium zu, wenn man gewissenhaft zu Werke geht und Ziele verfolgt, aber das Jurastudium ist von Natur aus arbeitsintensiv. Ich bin fast gezwungen zu sagen, dass für Jurastudenten während ihres Studiums die Bibliothek ihr zweites zu Hause werden wird.

Studium

Die Arbeitsintensität des Jurastudiums ist bereits angesprochen worden. Juristen sollten neben ihrer Belastbarkeit auch ein gewisses Sprachgefühl mitbringen. Gesetzestexte und „Beamtendeutsch" sind Sprachen für sich. Juristen müssen diese nicht nur verstehen, sondern auch in ein „einfaches Deutsch" übersetzen können. Während es für Juristen vorteilhaft ist, Zusammenhänge zwischen verschiedenen Bereichen herstellen zu können, ist dies eine Fähigkeit, die für Gesellschaftswissenschaftler fast schon überlebenswichtig ist. Anhand von theoretischen Texten und damit verbundenen unterschiedlichen Perspektiven lernen Studenten dieser Fachrichtung Prozesse zu beurteilen und gegeneinander abzuwägen. Leider kommt man als Soziologiestudent nicht an der

Statistik vorbei, aber auch als angehender Politologe sollte man wissen, wie man Statistiken richtig fälscht. Eine Allergie gegen alles Mathematische ist also auch hier eher nachteilig.

Da die Rechts- und Gesellschaftswissenschaften ebenfalls auf das menschliche Miteinander ausgerichtet sind, sind soziale Fähigkeiten wie Kommunikationsstärke, Konfliktfähigkeit und Hilfsbereitschaft im Studium von Vorteil und im Berufsleben dringend erforderlich.

Während Studiengänge der Gesellschaftswissenschaften mit Bachelor und Master beendet werden, wird das rechtswissenschaftliche Studium mit dem ersten Staatsexamen abgeschlossen, an das sich ein weiteres Referendariat und ein zweites Staatsexamen anschließen können. Die Karriereplanung entscheidet letztlich, mit welchem Abschluss man sich zufrieden geben will. Wer Richter

Tabelle 21: Wichtige Hinweise zu Studiengängen im Bereich Rechts- und Gesellschaftswissenschaften

Was unbedingt erforderlich ist	• Hohe Leistungsfähigkeit • Hohes Durchhaltevermögen • Hohe Motivation • Verhandlungsgeschick • Gute Noten in Deutsch • Generelles Verständnis für Mathematik
Welche Interessensgebiete werden bedient?	• Vordergründig: Konventionelle Orientierung (C) • Außerdem: Unternehmerische Orientierung (E) und Intellektuell-forschende Orientierung (I) • Oftmals: Soziale Orientierung (S)
Typische Berufe	• Anwalt • Staatsanwalt • Richter • Politiker • Verwaltungsbeamter • PR-Berater
Welche Hochschulen in Deutschland finde ich gut für Rechts- und Gesellschaftswissenschaften	• FU Berlin • Uni Freiburg • Bucerius Law School Hamburg (privat) • Uni Heidelberg • Uni Konstanz • Uni Münster • Uni Passau

oder Anwalt in seiner eigenen Kanzlei werden möchte, muss den verlängerten Weg gehen.

An vielen Universitäten kommen die ersten wichtigen Prüfungen im Studiengang Jura erst am Ende des Studiums, da die Zwischenprüfung nur als formaler Akt existiert, in dem bestandene Arbeiten einfach zusammengerechnet werden. Die Abbruchquote von 25 % in Jura hängt hauptsächlich mit der Prüfungsangst der Studenten zusammen. Angesichts der Masse des Lehrstoffes und des Drucks, das Examen nur einmal wiederholen zu dürfen, kommt so mancher ins Schleudern. Dem Jurastudent sei daher ans Herz gelegt, sein Studium gut zu organisieren und bestimmte Varianten des Coachings auf dem freien Markt zu nutzen, um gut auf den letzten Teil des Studiums vorbereitet zu sein.

Berufsperspektiven

Ähnlich wie die Wirtschaftswissenschaften gehört auch die Juristerei zu den beliebten Studiengängen. Dementsprechend hoch ist die Anzahl der Absolventen, die auf den Arbeitsmarkt drängen. Juristen stehen mit ihren Tätigkeiten im öffentlichen Leben. Die wenigsten der Juraabsolventen werden Staatsbeamte wie Richter oder Staatsanwalt. Der Großteil, circa 80 %, ergreift den Anwaltsberuf, wobei die Betätigungsfelder vielfältig sind und von der Anstellung in einer Kanzlei über die Rechtsabteilung eines Unternehmens bis zur eigenen Kanzlei reichen. Junge, selbstständige Anwälte haben es allerdings schwer, sich am Markt zu etablieren. Langer Atem und die engagierte Suche nach einer Nische bzw. Spezialisierung können aber zum Erfolg führen.

Sozialarbeiter und höhere Verwaltungsbeamte arbeiten oft im Staatsdienst oder für soziale Träger. Zunehmend finden sie auch beratende Aufgabenstellungen in der Privatwirtschaft. Soziologen und Politologen haben ähnlich wie der Philosoph, der schon für das ein oder andere Beispiel in diesem Leitfaden herhalten musste, alle Chancen und alle Risiken. Letztlich sind sie überall einsetzbar. Hier kommt es stark auf den individuellen Weg an und auf die fachliche Spezialisierung und Zusatzqualifikationen wie Sprache, Praktika etc.

Aufgrund der vielen Kürzungen im sozialen Bereich, sollten sich die Studenten dieser Studiengänge nicht auf eine Anstellung bei Väterchen Staat verlassen. Da Absolventen aber komplexe Zusammenhänge erkennen und gesellschaftliche Prognosen erstellen können, die für viele Bereiche notwendig sind, um überhaupt Planungen durchführen zu können, findet man ehemalige Studenten oft im Sozialwesen, Verwaltungswesen, Verbänden, Parteien, NGO's, Stiftungen, aber auch in Wirtschaftsunternehmen und im journalistischen Bereich. Die Notwendigkeit für Soziologie- und Politikstudenten, sich nicht nur mit der Theorie, sondern auch mit der Übertragung dieser in die Praxis zu beschäftigen, wird angesichts einer Studienabbruchquote von teilweise über 40 Prozent deutlich, denn als Hauptgrund geben viele die mangelnde Identifikation mit dem Studienfach und die fehlende berufliche Orientierung im Studium an.

12.5 Sprach-, Literatur- und Kulturwissenschaften – Lesen, lesen, lesen

Wer Sprach-, Literatur- und Kulturwissenschaften studiert, muss sehr viel lesen.

© Doreen Salcher/Fotolia.com

Lesen ist Programm bei Studiengängen dieser Fächergruppe, obwohl in den letzten Jahren zunehmend auch Praxiserfahrungen ermöglicht werden und Studiengänge wie Ethnologie generell einen starken Bezug zum „Tun" aufweisen. Aber trotz allem ist jemand, der nicht gerne viel liest, in keinem der hier einzuordnenden Studiengänge richtig am Platz. Und reine Krimi- und Harry-Potter-Fans könnten ebenfalls Probleme bekommen, denn die Bandbreite der Texte geht weit über die reine Unterhaltungsliteratur hinaus.

Viele Texte sind alt und weisen verschiedene Schreibstile auf. Fremdsprachliche Texte gehören mittlerweile ebenfalls zum Repertoire der ausgegebenen Lektüreempfehlungen. Leselust und ein ausgeprägtes Sprachgefühl sind somit notwendige Voraussetzungen, wenn man sich für ein Studium in dieser Fächergruppe entscheiden möchte. Interesse an Geschichte, Soziologie, Politik, Kunst und anderen Gesellschaftsbereichen wäre vorteilhaft, da das vermittelte Wissen interdisziplinären Charakter hat und sich fast immer auf andere Gesellschaftsbereiche bezieht. Dies trifft auch auf die eher sprachorientierten Studiengänge zu, in denen eben nicht nur eine Sprache gelernt wird, sondern auch kulturelle, politische, historische und wirtschaftliche Aspekte der jeweiligen Länder vermittelt werden.

Studium

Die Fächergruppe umfasst Disziplinen wie Germanistik, Anglistik, Romanistik, Skandinavistik, Slawistik, Japanologie sowie Musikwissenschaften, Kulturwissenschaften, Publizistik, Philosophie, Ethnologie und Geschichte.

Diese Fächer beschäftigen sich mit allem, was der Mensch als Kulturleistung erbringt oder erbracht hat und den Zusammenhängen dieser Leistungen mit anderen Gesellschaftsbereichen. Viele Themen sind ohne ihren historischen Hintergrund nicht zu verstehen, weshalb die Geschichte eine große Rolle in jedem Studiengang spielt.

In dieser Fächergruppe wird besonders deutlich, dass das Studium keine Berufsausbildung darstellt. Auch wenn vermehrt Praxisbezüge hergestellt und Praxisseminare angeboten werden, die die Stellung des einzelnen Studienganges im Gesellschafts- und Wirtschaftsleben anzeigen sollen, geht es im Studium vorwiegend um die theoretische Auseinandersetzung mit einem Studiengegenstand.

Obwohl die Modularisierung infolge des Bologna-Prozesses für eine etwas stärkere Strukturierung gesorgt hat, ist der Freiheitsgrad in diesem Fachbereich relativ groß. Die Möglichkeit, Prüfungen beliebig oft wiederholen zu können, trägt ebenfalls nicht gerade zu einer Erhöhung des Drucks bei. Demzufolge ist die Abbruchquote in dieser Fächergruppe mit circa 40 Prozent überdurchschnittlich hoch. Bei den Germanisten schließen sogar nur 20 Prozent der Erstsemester das Studium erfolgreich ab. Als Absolvent der Germanistik würdest du dann sozusagen zu einer kleinen Elite gehören.

Die Nummer Eins unter den Abbruchgründen ist die fehlende oder verloren gegangene Orientierung der Studenten.

Während die Juristen gegen ihren inneren Schweinehund ankämpfen müssen, um jeden Tag die Masse des vorgegebenen Lehrstoffes ein kleines Stück abzuarbeiten, ringen die Studenten der Sprach-, Literatur- und Kulturwissenschaften damit, ihre Themen immer wieder neu zu hinterfragen und Anknüpfungspunkte in der Gegenwart zu finden.

Berufsperspektiven

Bei den Berufsaussichten sei wieder auf den Philosophen verwiesen. Die Chancen auf dem Arbeitsmarkt hängen stark vom Engagement und von erworbenen Zusatzqualifikationen ab. Obwohl die Arbeitslosenquote bei den Absolventen dieser Fächergruppe über dem akademischen Durchschnitt liegt, gelingt den meisten der Einstieg ins Berufsleben innerhalb eines Jahres nach dem Abschluss.

Wer sich in Form eines Nebenfaches oder eines konsekutiven Masters in Richtung Wirtschaft oder Informatik orientiert hat, wird schnell eine gute Anstellung finden. Absolventen eines Fremdsprachenstudiums finden normalerweise einen Beruf, der mit der Übersetzertätigkeit zu tun hat. Sprach- und Kulturwissenschaftler arbeiten in kulturellen Stiftungen großer Konzerne und in Museen. In der Öffentlichkeitsarbeit, im Journalismus, in den Medien findet man häufig Kulturwissenschaftler, Germanisten und Publizisten.

Tabelle 22: Wichtige Hinweise zu Studiengängen im Bereich Sprach-, Literatur- und Kulturwissenschaften

Was unbedingt erforderlich ist	• Hohe Sprachbegabung • Hohes Abstraktionsvermögen/logisches Denken • Gute Noten in Deutsch, Englisch und Geschichte
Welche Interessensgebiete werden bedient?	• Vordergründig: Kreative Orientierung (A) • Außerdem: Soziale Orientierung (S) • Oftmals: Intellektuell-forschende Orientierung (I)
Typische Berufe	• Autor, Lektor, Journalist • Pressesprecher, Öffentlichkeitsarbeit • Werbung und Marketing • Kulturwirt, Organisation von kulturellen Veranstaltungen • Redaktionsmitarbeiter im Medienbereich • Übersetzer und Dolmetscher
Welche Hochschulen in Deutschland finde ich gut für Sprach-, Literatur- und Kulturwissenschaften	• HU Berlin • Uni Freiburg • Uni Leipzig • Uni Lüneburg • Uni Münster

12.6 Musik, Design und Kunst – Nur die Begabung zählt

Studiengänge dieser Fächergruppe sind stark künstlerisch geprägt. Sofern du damit liebäugelst, freischaffender Künstler zu werden, solltest du ein gewisses künstlerisches Talent besitzen. Abgesehen von Privatschulen, in denen du

Musiker, Designer und Künstler sind oftmals extrovertierte Menschen.

© iceteastock/Fotolia.com

für deine Mal-, Tanz- oder Schauspielausbildung viel Geld bezahlen musst, führt in deutschen Universitäten und Hochschulen, die diese Studiengänge anbieten, kein Weg an speziellen Aufnahmebedingungen vorbei. In der Regel umfasst dies das Überprüfen deiner Fähigkeiten, z. B. in Form von Projektmappen und Vorsprechen.

Die Plätze für diese Studiengänge gehören in Deutschland zu den am stärksten reglementierten. Aber wenn du denkst, dass Zeug zum Bildhauer, Maler, Videokünstler, Grafiker, Sänger, Designer, Dichter, Tänzer oder Dirigent zu haben, dann glaube an dich und lasse dein Talent professionell formen.

Studium

Typische Studiengänge aus dem Bereich sind Malerei, Bildhauerei, Design (Grafikdesign, Industriedesign, Modedesign), Fotografie, Film, Goldschmiedekunst, Textilgestaltung, Videokunst, Chor- und Orchesterleitung, Dirigieren, Komposition, Gesang, Regie, Schauspiel, Tanz und Tonmeister.

Neben theoretischen Betrachtungen in den einzelnen Spezialgebieten liegt der Fokus auf der Praxis. Maler malen, Sänger singen und Schauspieler schauspielern in ihrer Ausbildung.

Künstlern wird gerne nachgesagt, dass sie extrovertiert und gelegentlich schwierig im Umgang sind. Ich möchte mir hierüber keine Meinung anmaßen, aber der Alltag eines Künstlers und auch der Alltag eines Studenten in diesem Bereich sind geprägt von harter psychischer und teilweise auch körperlicher Arbeit. Sie erfordert viel Motivation und Durchsetzungswille, was in den relativ kleinen Klassen durchaus zu Reibereien führen kann.

Da sich oft „Berufene" für diese Studiengänge bewerben, wird Liebe zu der Tätigkeit als wichtige Voraussetzung vorhanden sein.

Für den theoretischen, geisteswissenschaftlichen Teil der Ausbildung benötigen die Studenten einen guten Zugang zu Sprache und Geschichte. Ebenso wichtig sind für die theoretische Auseinandersetzung und das praktische Tun ein hohes Maß an Abstraktionsvermögen, Transferfähigkeit und Kommunikationsfähigkeit.

Knapp ein Drittel der Studierenden bricht das Studium ab, weil sie entweder nicht genügend Talent besitzen oder es ihnen an Geduld mangelt, eigene künstlerische Projekte zu verfolgen.

Berufsperspektiven

Die Ausbildung zeigt das Profil späterer Berufsmöglichkeiten ziemlich deutlich an. Absolventen dieser Fächergruppe arbeiten in der Regel als bildende Künstler, Schauspieler, Designer oder Berufsmusiker.

Die Chancen auf dem Markt lassen sich allerdings schwer einschätzen. Gerade in diesem Bereich schwanken die Möglichkeiten aufgrund von gesellschaftlichen

Tabelle 23: Wichtige Hinweise zu Studiengängen im Bereich Musik, Design und Kunst

Was unbedingt erforderlich ist	• Hohes Durchhaltevermögen • Hoher Ehrgeiz • Hohe Eigenmotivation • Sehr großes Talent • Bereits gesammelte Erfahrungen
Welche Interessensgebiete werden bedient?	• Vordergründig: Künstlerisch-sprachliche Orientierung (A) • Außerdem: Unternehmerische Orientierung (E) • Weiterhin: Praktisch-technische Orientierung (R)
Typische Berufe	• Bildender Künstler • Designer, Grafiker, Zeichner • Musiker, Schauspieler • Therapeut, Coach
Welche Hochschulen in Deutschland finde ich gut für den Studienbereich Musik, Design und Kunst	• HfM Berlin • UDK Berlin • HMTM Hannover • HGB Leipzig • Pop Akademie Mannheim • HS Pforzheim

Veränderungen und veränderten Geschmäckern, denen sich nicht jeder anpassen kann oder möchte. Selten können die Absolventen allein von ihrem künstlerischen Beruf leben, so dass viele nach ihrem Studium andere Disziplinen für sich entdecken müssen. So sind lehrende oder therapeutische Tätigkeiten im Kinder-, Jugend-, Behinderten- oder auch Gesundheitsbereich immer häufiger Berufsbilder für Künstler. Generell kann der gesamte Bereich des Coachings als mögliche Plattform für Künstler gesehen werden. Ein Einstieg in die freie Wirtschaft wird allerdings oft dadurch behindert, dass es den selbstständigen Künstlern meist an betriebswirtschaftlichem Know-how mangelt.

12.7 Ingenieurwissenschaften – Naturwissenschaften im Praxistest

„Dem Ingenieur ist nichts zu schwör …"

© Firma V/Fotolia.com

Die Arbeit von Ingenieuren besteht im Wesentlichen darin, nach zweckmäßigen, praktischen und effizienten Lösungen für technische Probleme zu suchen. Ingenieure sollten in ihrem Fachgebiet stets auf der Höhe der naturwissenschaftlichen Forschung und der technischen Entwicklung sein. Mathematik, darauf wurde bereits ein paar Mal aufmerksam gemacht, ist eines der wichtigsten Instrumente für Ingenieure. Ohne ein gutes mathematisches Verständnis sollte sich niemand in das Abenteuer Ingenieursstudium stürzen, denn es wäre ein sehr kurzes Abenteuer. Technisches Verständnis ist ebenfalls unverzichtbar und von Vorteil ist es, wenn auch ein gewisses handwerkliches Geschick vorliegt. Dies sei wärmstens Architekten ans Herz gelegt, von denen sich viele, ob nun zu Recht oder nicht, eher als Künstler denn als Gestalter von Bauwerken sehen, die auch stehen bleiben sollen.

Abstraktes Denken und fantasievolles Vorstellungsvermögen sind nicht zu unterschätzende Fähigkeiten im Ingenieurswesen, da viele Probleme nicht allein technisch, sondern auch mit einer großen Portion Kreativität gelöst werden müssen. Jedes neue Problem verlangt nach einer individuellen Lösung.

Studium

Es gibt viele verschiedene Ingenieursfachbereiche. Zu den wichtigsten gehören Informatik, Maschinenbau, Elektrotechnik, Chemieingenieurwesen, Verfahrenstechnik, Architektur, Wirtschaftsingenieurwesen, Bauingenieurwesen und Fertigungsingenieurwesen. Daneben gibt es spezialisierte Studiengänge wie Entsorgungstechnik oder technische Gebäudeausrüstung. Die Studiengänge sind zunehmend international ausgerichtet und beinhalten mittlerweile Praxisphasen, in denen Studenten mit zwei linken Händen Probleme bekommen könnten. Obwohl ich die Bedeutung der Mathematik bereits erwähnt habe, wiederhole ich es an dieser Stelle gern noch einmal: Ingenieur ohne Mathe geht „schwör".

Berufsperspektiven

So vielfältig die Studiengänge sind, so vielfältig sind auch die Beschäftigungsmöglichkeiten. Natürlich wird durch den Studiengang die Richtung vorgegeben. Einen Bauingenieur wird man ausgesprochen selten in der Motortechnikforschung finden. Allerdings wird in großen Unternehmen oft in interdisziplinären Gruppen zusammengearbeitet, so dass Ingenieure einer Fachrichtung auch Kenntnisse aus anderen Bereichen erhalten. Gerade bei Großprojekten ist es notwendig, möglichst eng mit allen daran beteiligten Spezialisten zusammenzuarbeiten.

Gemeinsam ist den Tätigkeiten der Ingenieure, dass sie alle etwas mit Entwurf, Produktion, Fertigung und deren Organisation zu tun haben.

Die Arbeitsmarktchancen für die einzelnen Ingenieure sind verschieden. Bestimmte Berufsgruppen wie Architekten und Bauingenieure sind oft an Konjunkturphasen der Baubranche gebunden. Allerdings bietet gerade das Ausland Bauingenieuren Einsatzmöglichkeiten, Fremdsprachenkenntnisse natürlich vorausgesetzt.

Im Großen und Ganzen gehören Ingenieure aber zu den Absolventen, die sich so gut wie keine Sorge um eine Anstellung machen müssen. Die Suche nach Ingenieuren in der deutschen Wirtschaft, aber auch im Ausland hält nach wie vor an.

Sehr begehrt sind Informatikingenieure, kann doch heutzutage kaum eine Firma oder staatliche Institution auf Computerspezialisten verzichten.

Aber: Du weißt, was jetzt kommt – die guten Chancen sollten nicht der Grund sein, warum du Informatiker werden willst. Als Abschreckung habe ich mir deshalb das Beste bis zum Schluss aufgehoben: 25 Prozent brechen ihr Ingenieurstudium ab. Die meisten der Abbrecher gaben als Grund an, dass sie schlicht und einfach den Anforderungen des Studiums nicht gewachsen waren.

Tabelle 24: Wichtige Hinweise zu Studiengängen im Bereich Ingenieurwissenschaften

Was unbedingt erforderlich ist	• Hohes mathematisches und naturwissenschaftliches Verständnis • Gutes räumliches Vorstellungsvermögen • Technisches Verständnis und handwerkliche Fähigkeiten • Gute Noten in Mathe, Physik und Technik
Welche Interessensgebiete werden bedient?	• Vordergründig: Praktisch-technisch (R) • Außerdem: Intellektuell-forschende Orientierung (I) oder Konventionelle Orientierung (C) • Weiterhin: Unternehmerische Orientierung (E)
Typische Berufe	• Fahrzeugentwickler in einem Automobilkonzern • Abteilungsleitung Qualitätsmanagement • Manager in einem Industrieunternehmen • Projektleiter für Windparks
Welche Hochschulen in Deutschland finde ich gut für Ingenieurwissenschaften	• RWTH Aachen • FH Aachen • TU Darmstadt • HS Esslingen • KIT Karlsruhe • TU München • HS München

12.8 Mathematik und Naturwissenschaften – Logische Probleme analytisch lösen

Mathematiker und Naturwissenschaftler kann man in unserer technisch und wissenschaftlich geprägten Welt als die Gestalter der Grundlagen bezeichnen. Aus diesem Bereich kommen oft Ideen und Beweise, die das gesamte Denken verändern. Es sei hier nur an die Relativitätstheorie, die Evolutionstheorie und an die Entdeckung der Bakterien erinnert. Anhand dieser Beispiele wird deutlich, dass Naturwissenschaftler einerseits sehr abstrakt und komplex denken, aber auch eine gut ausgebildete Kreativität besitzen müssen. Sie werden oft mit Basisproblemen konfrontiert, über die sich noch nie jemand Gedanken gemacht hat. Oft ist es notwendig, eigene Lösungswege zu entwickeln. Studenten in diesen Studiengängen sollten deswegen nicht nur Analytiker, sondern auch schöpferische Querdenker und fähig sein, bekanntes Wissen auf komplett anderes, unbekanntes Terrain übertragen zu können.

Studium

Typische Fächer dieser Gruppe sind Mathematik, Physik, Chemie und Biologie, aber auch seltenere Fächer wie Geologie, Meteorologie oder Ozeanografie.

Naturwissenschaftler arbeiten meist abstrakt und an komplexen Problemstellungen.

© Yuri Arcurs/Fotolia.com

Die Naturwissenschaften unterteilen sich in theoretische Inhalte und praktische Anwendungen. Im Einzelnen setzt sich die Arbeit meist zusammen aus dem Beobachten, Erkennen und Verstehen von natürlichen Vorgängen, dem Vergleichen von Forschungsergebnissen und dem Führen logischer Beweise. Während dabei jede Disziplin ihren zugeordneten Bereich hat, in dem sie analysiert, Zusammenhänge herstellt und Experimente durchführt, bildet die Mathematik das logische Fundament aller Naturwissenschaften. Die Interdisziplinarität, die in der Forschung innerhalb der Naturwissenschaften schon immer existierte und anerkannt wurde, wird seit einigen Jahren immer stärker in das Studium integriert. Dies ist unter anderem daran abzulesen, dass mehr Studiengänge existieren, die eine gemeinsame Schnittmenge zwischen verschiedenen Naturwissenschaften bilden, wobei die Biochemie vielleicht die bekannteste ist.

Das Publizieren von Forschungsergebnissen erfolgt fast ausschließlich in der englischen Sprache. Gute Englischkenntnisse sollten demnach mit ins Studium gebracht oder so schnell wie möglich verbessert werden.

Berufsperspektiven

Die Möglichkeiten auf dem Arbeitsmarkt stellen sich ähnlich positiv dar wie bei den Ingenieuren. Da sich Inhalte der Mathematik mit denen der Informatik überschneiden, sind Mathematiker ebenso heiß begehrt wie die Informatiker.

Physiker, Chemiker und Biologen mit der Ausrichtung auf Biotechnologie oder Molekularbiologie haben gute Chancen, in der Industrie unter zu kommen.

Generell kann gesagt werden, dass die Jobchancen der Naturwissenschaftler gut stehen, wobei der Grad der Spezialisierung ein entscheidender Vorteil auf dem freien Markt sein kann.

Wie bei den Ingenieuren brechen 25 Prozent das Studium ab, wobei auch hier fachliche Überforderung der Hauptgrund ist.

Tabelle 25: Wichtige Hinweise zu Studiengängen im Bereich Mathematik und Naturwissenschaften

Was unbedingt erforderlich ist	• Hohes mathematisches und naturwissenschaftliches Verständnis • Gutes räumliches Vorstellungsvermögen • Gute Noten in Mathe, Physik, Chemie, Biologie und Technik.
Welche Interessensgebiete werden bedient?	• Vordergründig: Intellektuell-forschende Orientierung (I) • Außerdem: Konventionelle Orientierung (C) • Weiterhin: Praktisch-technisch (R)
Typische Berufe	• Forscher • Unternehmensberater • Produktentwickler bei einem Pharmaunternehmen • Abteilungsleiter bei einem Softwarehersteller • Lebensmittelchemiker
Welche Hochschulen in Deutschland finde ich gut für Mathematik und Naturwissenschaften	• RWTH Aachen • HU Berlin • Uni Freiburg • Uni Heidelberg • TU Kaiserslautern • Kit Karlsruhe • LMU München • TU München • Uni Münster

12.9 Agrar-, Forst- und Ernährungswissenschaften – Exoten in der Studienlandschaft

Vor allem Agrar- und Forstwissenschaftler bewegen sich viel in der Natur und haben neben der Theorie viele praktische Anwendungen.

© LichtblickProduktion/Fotolia.com

Zum Teil gibt es enge Verbindungen zu den Naturwissenschaften und in bestimmten Bereichen eine gewisse Nähe zu Ingenieursstudiengängen. Aufgrund der Ausrichtung auf die praktische Betätigung in und mit der Natur, ist der Anteil praktischer Anwendungen groß. Innerhalb dieser Fächergruppe wird sich hauptsächlich mit der Gestaltung von Landschaft und Stadt, der wirtschaftlichen Nutzung des Bodens und mit der Produktion von Lebensmitteln und Getränken aus landwirtschaftlichen Rohstoffen sowie deren Qualitätssicherung beschäftigt. Fast alle Fächer kombinieren eine angewandte naturwissenschaftliche Ausbildung mit kaufmännischen Inhalten. Auffällig an diesen Studiengängen ist, dass sich trotz relativ guter Berufsaussichten und interessanter Studieninhalte nur etwa ein Prozent aller Studenten für diese Fächergruppe entscheidet. Dies kann natürlich mit den Anforderungen, aber auch mit fehlenden Informationen über diese Studiengänge zu tun haben.

Studium

Typische Studienfächer in dieser Gruppe sind Gartenbauwissenschaft, Lebensmitteltechnologie, Forstwirtschaft, Holzwirtschaft, Landschaftsarchitektur, Getränketechnologie, Weinbau oder Agrarwirtschaft.

Da bereits die Wörter „Naturwissenschaften", „Ingenieurstudiengänge" und „kaufmännisch" gefallen sind, sollte klar sein, dass auch in dieser Fächergruppe Zahlen eine gewisse Bedeutung haben. Neben mathematischen Kenntnissen sind Interessen im biologischen und chemischen sowie im wirtschaftlichen Bereich wünschenswert. Ansonsten könnte es schwer werden, sich immer wieder neu im gewählten Studiengang zu motivieren.

Auch technische Aspekte wie Kenntnisse von Prozessabläufen, Vermessungskunde oder CAD-Techniken spielen eine Rolle im Studium. Da in vielen Berufsbildern, die nach dem Abschluss möglich sind, körperliche Belastbarkeit vorausgesetzt wird, sollte bei der Wahl auch dies bedacht werden.

Berufsperspektiven

Auch wenn die Absolventen ab und zu selbst mit anpacken und technische Geräte bedienen müssen, besteht ein Großteil ihrer späteren beruflichen Arbeit im Managen, Kontrollieren und Organisieren von betrieblichen Arbeitsabläufen.

Berufsmöglichkeiten reichen vom Agraringenieur oder Landwirtschaftsberater über Gartenarchitekt, Forstverwalter bis zum Lebensmitteltechnologen. Arbeitgeber in diesem Bereich finden sich typischerweise im öffentlichen Dienst aber auch zunehmend in der privatwirtschaftlichen Lebensmittelindustrie. Die Berufsaussichten sind trotz anhaltender Einsparungen im öffentlichen Dienst gut – hauptsächlich, weil so wenige Studenten sich für eines dieser Fächer entscheiden.

Tabelle 26: Wichtige Hinweise zu Studiengängen im Bereich Agrar-, Forst- und Ernährungswissenschaften

Was unbedingt erforderlich ist	• Hohes mathematisches Verständnis • Hohes Verständnis für Naturwissenschaften • Persönlicher Bezug zur Natur und Umwelt • Gute Noten in Mathematik, Physik, Chemie, Biologie und Technik
Welche Interessensgebiete werden bedient?	• Vordergründig: Praktisch-technische Orientierung (R) • Außerdem: Intellektuell-forschende Orientierung (I) und unternehmerische Orientierung (E) • Weiterhin: Konventionelle Orientierung (C)
Typische Berufe	• Förster • Landwirtschaftlicher Berater • Umweltingenieur • Ernährungsberater • Lebensmitteltechnologe
Welche Hochschulen in Deutschland finde ich gut für Agrar-, Forst- und Ernährungswissenschaften	• Uni Hohenheim • Uni Göttingen • TU München • FH Weihenstephan

12.10 Medizin – Schuften für den „Gott in Weiß"

Mediziner müssen auch in Stresssituationen gut zuhören können.

© WavebreakMediaMicro/Fotolia.com

Medizin ist immer noch einer der beliebtesten Fachbereiche an der Universität. Und das, obwohl sich bereits überall herumgesprochen hat, dass Ärzte viel arbeiten müssen und einen stressigen Arbeitsalltag haben.

Der große Andrang auf Studiengänge wie Humanmedizin, Zahnmedizin, Veterinärmedizin und Pharmazie wird von der zentralen Institution „Hochschulstart" (ehemals ZVS) verwaltet. Die Zulassung zum Studium ist mit strengen Aufnahmequoten versehen. Ein gutes Abitur ist somit eine Grundvoraussetzung für die Zulassung zum Studium. Mediziner sollte es interessieren, anderen Menschen zu helfen. Mediziner haben den Spagat zu bewältigen, einerseits den Menschen gegenüber sozial eingestellt zu sein und selbst in Stresssituationen gut zuhören zu können, und andererseits stets eine objektive Distanz zu bewahren. Dies wird umso wichtiger, macht man sich bewusst, dass in bestimmten medizinischen Bereichen regelmäßig psychisch belastende Ereignisse auftreten. Angehende Mediziner sollten sich demnach fragen, ob mögliche spätere Berufsbilder psychisch für sie geeignet sind.

Inhaltlich beschäftigt sich die Fächergruppe Medizin hauptsächlich mit der Vorbeugung und Heilung von Erkrankungen von Menschen und Tieren. Dabei geht der Trend immer mehr zur vorbeugenden Medizin – getreu dem Motto „Vorbeugen ist besser als Heilen".

Studium

Das Medizinstudium ist von dem zu bewältigenden Pensum wahrscheinlich noch umfangreicher als das Jurastudium. Enorme Leistungsbereitschaft und großes Durchhaltevermögen müssen vorhanden sein, soll das Studium absolviert werden. So beträgt für Humanmediziner die Regelstudienzeit sechs Jahre und drei Monate. In dieser Zeit müssen sie 20 Fächer im Lehrplan durcharbeiten.

Wichtige Voraussetzung in dieser Fächergruppe ist großes naturwissenschaftliches Verständnis. In allen Bereichen sind Chemie und Biologie die Grundlagenfächer. Andere wichtige Fächer sind Physik und, du ahnst es bereits – Mathematik.

Sofern du dir in den entsprechenden Schulfächern gute Grundkenntnisse angeeignet hast, wird dir dies den Einstieg in das Studium erleichtern. Doch selbst das Wissen aus naturwissenschaftlichen Leistungskursen deiner Schulzeit wird dich nur über das erste Semester bringen. Spätestens dann heißt es für die nächsten Jahre: Lernen, lernen, lernen! Der Studienplan in diesen Fächern ist sehr eng und durchstrukturiert und darauf ausgerichtet, dass sich die Studenten selbstständig zusätzlichen Stoff erarbeiten und sich immer wieder neu für Zusatzarbeiten motivieren.

Berufsperspektiven

Als Absolvent dieser Fächergruppe muss man sich theoretisch keine Sorgen um seine Zukunft machen.

Bei den Absolventen der Humanmedizin schließt sich an das Studium eine Weiterbildungszeit an, in der sie als Assistenten in einer Fachabteilung eines Krankenhauses oder in einer anderen Einrichtung des Gesundheitswesens angestellt sind. Die Weiterbildungszeit wird meist mit einer Prüfung und dem Erwerb eines Facharzttitels abgeschlossen, der zur Eröffnung einer eigenen Praxis berechtigt. Hast du diesen Karriereweg im Auge, mache dir bewusst, dass es große Unterschiede zwischen den Arbeitssituationen in der Stadt und auf dem Land gibt. Während der Konkurrenzdruck zwischen Arztpraxen auf dem freien Markt in der Stadt immer größer wird, werden auf dem Land Hausärzte fast schon verzweifelt gesucht.

Es besteht bei allen Absolventen dieser Fächergruppe die Möglichkeit, den Weg in die medizinische und pharmazeutische Forschung zu wählen. Gerade die sich stetig vergrößernden Pharma- und Biotech-Industrien bieten zunehmend berufliche Möglichkeiten, wobei entsprechende Spezialisierungen von Nöten sein können.

Tabelle 27: Wichtige Hinweise zu Studiengängen im Bereich Medizin

Was unbedingt erforderlich ist	• Hohes Verständnis für Naturwissenschaften • Hohes Einfühlungsvermögen • Hohe emotionale Stabilität • Gute Noten in Chemie und Biologie • Guter Abiturschnitt, um schnell zum Studium zugelassen zu werden
Welche Interessensgebiete werden bedient?	• Vordergründig: Intellektuell-forschende Orientierung (I) • Außerdem: Soziale Orientierung (S) • Weiterhin: Künstlerische-sprachliche Orientierung (A) und praktisch-technische Orientierung (R)
Typische Berufe	• Chirurg • Anästhesist • Humanbiologe • Forscher • Pharmazeut • Zahnarzt • Tierarzt
Welche Hochschulen in Deutschland finde ich gut für den Studienbereich Medizin	• HU/FU Berlin • Uni Freiburg • Uni Göttingen • Uni Heidelberg • TU/LMU München • Uni Witten-Herdecke

13 Auswertung Studienbereiche

Welche der zehn oben aufgeführten Fächergruppen haben am meisten Interesse bei dir geweckt oder dich direkt angesprochen?

Feld 26: Fächergruppe 1:

Feld 27: Fächergruppe 2:

Jetzt bitte ich dich, die Felder 26 und 27 mit deinem persönlichen Profil (siehe Seite 46) einmal auf Verträglichkeit hin zu prüfen. Hierbei interessieren insbesondere die Felder 4 bis 17. Bitte kreuze in Tabelle 28 das jeweilige Symbol an. Solltest du dir unsicher sein, was du ankreuzen sollst, lies noch einmal genau die Studienbereichsbeschreibung durch und vergleiche sie mit deinem persönlichen Profil.

Tabelle 28: Verträglichkeit prüfen (es gilt: ☺ = passt gut; 😐 = ist neutral; ☹ = passt nicht)

Felder	Feld 26	Feld 27
Feld 4	☺ 😐 ☹	☺ 😐 ☹
Feld 5	☺ 😐 ☹	☺ 😐 ☹
Feld 6	☺ 😐 ☹	☺ 😐 ☹
Feld 7	☺ 😐 ☹	☺ 😐 ☹
Feld 8	☺ 😐 ☹	☺ 😐 ☹
Feld 9	☺ 😐 ☹	☺ 😐 ☹
Feld 10	☺ 😐 ☹	☺ 😐 ☹
Feld 11	☺ 😐 ☹	☺ 😐 ☹
Feld 12	☺ 😐 ☹	☺ 😐 ☹
Feld 13	☺ 😐 ☹	☺ 😐 ☹
Feld 14	☺ 😐 ☹	☺ 😐 ☹
Feld 15	☺ 😐 ☹	☺ 😐 ☹
Feld 16	☺ 😐 ☹	☺ 😐 ☹
Feld 17	☺ 😐 ☹	☺ 😐 ☹

Bei jedem Feld, bei dem du ein ☹ angekreuzt hast, solltest du hinterfragen, ob dies ein Ausschlusskriterium für den gewählten Studienbereich (Feld 26 und 27) ist. Je öfter das ☹-Symbol für einen Studienbereich angekreuzt wurde, desto kritischer solltest du prüfen, ob dieser Studienbereich tatsächlich zu dir passt. Gegebenenfalls solltest du die Felder 26 und/oder 27 noch einmal verändern.

14 Profil für den Studiengang erstellen

Als nächstes erstellst du ein Suchprofil für Studiengänge, um mit der tatsächlichen Suche loslegen zu können. Bitte fülle in den folgenden vier tabellarischen Übersichten, den Studiengangkarten, zunächst alle mittelblauen Felder mit den bisher gesammelten Informationen aus. So erhältst du vier Studienkarten, in die bis zu 12 Studiengänge eingetragen und verglichen werden können.

Bei der folgenden Suche ist es nun entscheidend, alle grauen Felder mit den entsprechenden Inhalten zu versehen. Wie du hierbei am besten im Einzelnen vorgehst, beschreiben die Kapitel 15 bis 19 in Teil 3 des Ratgebers.

Studiengangkarte 1

Feld	Item	vgl. Seite	Ausprägung	Feld 26 (vgl. S. 107): ___		Feld 27 (vgl. S. 107): ___	
				Studiengang 1	Studiengang 2	Studiengang 3	Studiengang 4
1	HZB	46					
2	Note	46					
3	Wartezeit	46					
4	LK 1	46					
5	LK 2	46					
6	LK 3	46					
7	Lieblingsfach 1	46					
8	Lieblingsfach 2	46					
9	Fähigkeit 1	46					
10	Fähigkeit 2	46					
11	Fähigkeit 3	46					

Kapitel 14: Profil für den Studiengang erstellen

12	Fähigkeit 4	46
13	Interessengebiet 1	46
14	Interessengebiet 2	46
15	Interessengebiet 3	46
16	Angestrebtes Bruttojahresgehalt	46
17	Leistungsbereitschaft	46
18	Studienort	50
19	Hochschulform	54
20	Ausrichtung der Hochschule	56
21	Auslandssemester	58
22	Angestrebter Abschluss	64
23	Berufsaussichten	66
24	Kosten pro Monat	71
25	Einnahmen pro Monat	79

Studiengangkarte 2

Feld	Item	vgl. Seite	Ausprägung	Feld 26 (vgl. S. 107): _____		Feld 27 (vgl. S. 107): _____	
				Studiengang 1	Studiengang 2	Studiengang 3	Studiengang 4
1	HZB	46					
2	Note	46					
3	Wartezeit	46					
4	LK 1	46					
5	LK 2	46					
6	LK 3	46					
7	Lieblingsfach 1	46					
8	Lieblingsfach 2	46					
9	Fähigkeit 1	46					
10	Fähigkeit 2	46					
11	Fähigkeit 3	46					

12	Fähigkeit 4	46											
13	Interessengebiet 1	46											
14	Interessengebiet 2	46											
15	Interessengebiet 3	46											
16	Angestrebtes Bruttojahresgehalt	46											
17	Leistungsbereitschaft	46											
18	Studienort	50											
19	Hochschulform	54											
20	Ausrichtung der Hochschule	56											
21	Auslandssemester	58											
22	Angestrebter Abschluss	64											
23	Berufsaussichten	66											
24	Kosten pro Monat	71											
25	Einnahmen pro Monat	79											

Studiengangkarte 3

Feld	Item	vgl. Seite	Ausprägung	Feld 26 (vgl. S. 107): _____		Feld 27 (vgl. S. 107): _____	
				Studiengang 1	Studiengang 2	Studiengang 3	Studiengang 4
1	HZB	46					
2	Note	46					
3	Wartezeit	46					
4	LK 1	46					
5	LK 2	46					
6	LK 3	46					
7	Lieblingsfach 1	46					
8	Lieblingsfach 2	46					
9	Fähigkeit 1	46					
10	Fähigkeit 2	46					
11	Fähigkeit 3	46					

12	Fähigkeit 4	46											
13	Interessengebiet 1	46											
14	Interessengebiet 2	46											
15	Interessengebiet 3	46											
16	Angestrebtes Bruttojahresgehalt	46											
17	Leistungs-bereitschaft	46											
18	Studienort	50											
19	Hochschulform	54											
20	Ausrichtung der Hochschule	56											
21	Auslandssemester	58											
22	Angestrebter Abschluss	64											
23	Berufsaussichten	66											
24	Kosten pro Monat	71											
25	Einnahmen pro Monat	79											

Studiengangkarte 4

Feld	Item	vgl. Seite	Ausprägung	Feld 26 (vgl. S. 107): _____		Feld 27 (vgl. S. 107): _____	
				Studiengang 1	Studiengang 2	Studiengang 3	Studiengang 4
1	HZB	46					
2	Note	46					
3	Wartezeit	46					
4	LK 1	46					
5	LK 2	46					
6	LK 3	46					
7	Lieblingsfach 1	46					
8	Lieblingsfach 2	46					
9	Fähigkeit 1	46					
10	Fähigkeit 2	46					
11	Fähigkeit 3	46					

Kapitel 14: Profil für den Studiengang erstellen

12	Fähigkeit 4	46											
13	Interessengebiet 1	46											
14	Interessengebiet 2	46											
15	Interessengebiet 3	46											
16	Angestrebtes Bruttojahresgehalt	46											
17	Leistungsbereitschaft	46											
18	Studienort	50											
19	Hochschulform	54											
20	Ausrichtung der Hochschule	56											
21	Auslandssemester	58											
22	Angestrebter Abschluss	64											
23	Berufsaussichten	66											
24	Kosten pro Monat	71											
25	Einnahmen pro Monat	79											

Teil 3

Die Suche nach dem passenden Studiengang

Unter dem Wort „Suche" solltest du bitte auch „Suche" verstehen. Eine „Suche" dauert in neun von zehn Fällen lange. Auch diese „Suche" gehört zu den neun Fällen, denn du wirst viele verschiedene Wege ausprobieren müssen, die oft in einer Sackgasse, bei einem Studiengang enden, der dir letztlich doch nicht zusagen wird.

Denk einfach immer daran, dass die Ernsthaftigkeit und Dauer deiner Suche zu Ergebnissen (Studiengängen) führen wird, mit denen du dich identifizieren kannst. Und wenn das ein paar Tage dauert ... du erinnerst dich – gut Ding will Weile haben.

Neben einer Liste von maximal zwölf in Frage kommenden Studiengängen wirst du darüber hinaus am Ende der Suche, als kleinen Nebeneffekt sozusagen, einen guten Überblick über den Kontext deines zukünftigen Studienganges haben.

Weniger als vier Studiengänge sollten nach der Suche nicht vor dir liegen. Sollte dies doch der Fall sein, begebe dich bitte ein weiteres Mal vor den Computer und in die Welt des digitalen Wissens. Du wirst einen vierten Studiengang finden.

15 Wie suche ich richtig

Die Felder 26 und 27 (Studienbereiche) sind vorerst die wichtigsten Vorgaben für den Suchprozess der Studiengänge. Wir empfehlen eine Internetrecherche, bei der fürs Erste möglichst viele Studiengänge, die zu den von dir gewählten Studienbereichen passen, ausgewählt werden sollen. Die jeweiligen Suchmaschinen der folgenden Internetseiten empfehlen wir für deine Recherche:
- www.hochschulkompass.de (ich empfehle die „Profisuche"),
- http://kursnet-finden.arbeitsagentur.de/kurs/,
- www.studienwahl.de/de/studieren/finder.htm.

Vorgehensweise bei der Internetrecherche:
1. Stichwortsuche: Folgende Stichworte haben sich bisher bewährt:
    - Studienbereich eingeben (z. B. Agrarwissenschaften, Design, etc.),
    - Studiengang eingeben (z. B. BWL, Medizin, Game-Design, etc.),
    - LK/Lieblingsfach/Prüfungsfach eingeben (z. B. Ethik, Geschichte, etc.),
    - interessante Branche eingeben (z. B. Mode, Automobil, Lebensmittel, etc.),
    - interessantes Thema/Sachgebiet eingeben (z. B. Umweltschutz, Sport, Raumfahrt, etc.).
2. Welche Studiengänge hören sich interessant an? Jetzt kannst du zuerst einmal wild sammeln:

Studiengang	Hochschule	Ort
1.		
2.		
3.		
4.		
5.		
6.		
7.		
8.		

9. _____ _____ _____

10. _____ _____ _____

11. _____ _____ _____

12. _____ _____ _____

Trage bitte nun die Studiengänge in die Studiengangkarten ein. Solltest du keine zwölf Studiengänge haben, ist das nicht weiter schlimm, aber, wie gesagt, vier Studiengänge sollten es schon sein.

16 Studiengänge vergleichen

Um die Qual der Wahl nun mit objektiven Vergleichsdaten zu unterstützen, müssen die übrigen grauen Felder der Studiengangkarten mit Inhalt gefüllt werden. Dabei geht es nicht um eine penible Sammlung von Daten, sondern vielmehr um eine kritische Auseinandersetzung mit den Studiengängen an sich. Tabelle 29 soll dich bei deinem Suchprozess für die Recherche der grauen Felder in den Studiengangkarten unterstützen. Dabei geht es nicht darum, die Informationen in die Felder zu übertragen, sondern eine Bewertung abzugeben, ob die Informationen zu deinen Präferenzen und Vorgaben (mittelblaue Felder) passen, oder eher nicht. Deshalb führen wir zwei Bewertungszeichen ein, die du in die grauen Felder jeweils einsetzt:
+ Diese Ausprägung im Studiengang (graues Feld) passt zu meinen Vorgaben (mittelblaues Feld).
− Diese Ausprägung im Studiengang (graues Feld) passt nicht zu meinen Vorgaben (mittelblaues Feld).

Eine neutrale Bewertung geben wir hier bewusst nicht vor, da damit keine Aussage getroffen wird. So bist du gezwungen eine Wertung abzugeben. Solltest du etwas nicht herausfinden, kann auch ein Feld offen bleiben. Nur sollten es nicht zu viele Felder sein, da ansonsten die Auswertung zu ungenau wird.

Tabelle 29: Überblick über Recherchemöglichkeiten zu Studiengängen

Feld	Item	Recherchemöglichkeiten zu Studiengängen
1	HZB	• Dies wird in der Studienordnung geregelt. Diese kann auf der Homepage der Hochschule oder des Fachbereiches aufgerufen werden (Alternativ: Google-Suche mit den Begriffen „Name Hochschule", „Name Studiengang" und „Studienordnung". • Die Allgemeine Studienberatung der Hochschule kann darüber Auskunft erteilen (Kontakt über Telefon oder E-Mail)
2	Note	• Auswahlgrenzen (z. B. Numerus clausus) können oftmals auf der Homepage (Bewerbungsbereich oder Studierendensekretariat) abgerufen werden. • Die Allgemeine Studienberatung der Hochschule kann darüber Auskunft erteilen (Kontakt über Telefon oder E-Mail) • Liste mit NC-Werten auf: http://studienwahl.edublogs.org/

Tabelle 29: Fortsetzung

Feld	Item	Recherchemöglichkeiten zu Studiengängen
3	Wartezeit	• Kann manchmal auf der Homepage (Bewerbungsbereich oder Studierendensekretariat) abgerufen werden. • Die Allgemeine Studienberatung der Hochschule kann darüber Auskunft erteilen (Kontakt über Telefon oder E-Mail) • Liste mit Wartezeitquoten: http://studienwahl.edublogs.org/
16	Angestrebtes Bruttojahresgehalt	• www.staufenbiel.de/ratgeber-service/gehalt.html (Zugriff am 16.12.2011) • http://asset1.stern.de/media/pdf/gehaltsliste_01.pdf (Zugriff am 16.12.2011) • Frage deine Eltern bzw. Freunde deiner Eltern
17	Leistungsbereitschaft	• Frage deine Eltern bzw. Freunde deiner Eltern • Führe ein Gespräch mit der Fachstudienberatung des Studienganges (Wie schwer/aufwendig ist das Studium? etc.)
18	Studienort	• www.wikipedia.de • www.das-ranking.de (unter Hochschulorte)
19	Hochschulform	• www.hrk.de • Die Allgemeine Studienberatung der Hochschule kann darüber Auskunft erteilen (Kontakt über Telefon oder E-Mail)
20	Ausrichtung der Hochschule	• www.das-ranking.de • www.avh.de/web/1083580.html (Humboldt-Ranking, Zugriff am 16.12.2011)
21	Auslandssemester	• www.daad.de • www.esn-germany.org • www.studis-online.de/Studieren/Auslandsstudium
22	Angestrebter Abschluss	• www.hrk.de

Tabelle 29: Fortsetzung

23	Berufs-aussichten	• www.uni-essen.de/isa/(Zugriff am 16.12.2011) • www.stern.de/wirtschaft/job/mit-der-stern-jobampel-ins-richtige-studium-welche-studiengaenge-sich-lohnen-539568.html (Zugriff am 16.12.2011) • http://berufenet.arbeitsagentur.de/berufe/index.jsp
24	Kosten pro Monat	• www.unicum.de/leben/lebenshaltungskosten/ • www.sozialerhebung.de
Allgemein		• www.hochschulkompass.de • http://kursnet-finden.arbeitsagentur.de/kurs/ • www.studienwahl.de • Buch „Studien- und Berufswahl 2011/2012" (hrsg. von der Bundesagentur für Arbeit)

17 Ein Beispiel

Genug der Theorie, ich möchte nun anhand eines Beispiels eine mögliche Vorgehensweise beim Suchprozess darstellen. Ausgangslage ist die Studienkarte auf Seite 128 und 129.

O. k., wir starten mit der Suche. Mein Lieblingsfach ist Biologie. Das gebe ich in einer Suchmaschine ein. Ergebnis: über 250 Treffer. Ich fange an, mir einen Überblick über die Treffer zu verschaffen. Es beginnt mit Agrarbiologie. Ich habe eine vage Vorstellung, worum es dabei geht. Ich bin hochmotiviert und lese mich in diesen Studienbereich ein. Ich wähle hierbei stellvertretend für die anderen Studiengänge dieses Bereiches den Studiengang an der Uni Hohenheim. Aber mir ist da einfach zu viel Botanik dabei und da mein grüner Daumen zu wünschen übrig lässt, kehre ich der Agrarbiologie wieder den Rücken. Das gleiche mache ich mit der Bioanalytik, der Biochemie, der Bioinformatik und bleibe dann wieder erneut bei der Biologie hängen. Spannend, ja, aber irgendwie zu unspezifisch im Bezug auf die Berufsmöglichkeiten und die Verdienstaussichten schwanken stark in den einzelnen Bereichen. Egal, ich schreib es trotzdem auf. Weiter geht's mit Biomathematik, Biomedizin, Bionik, … Bionik, Moment was ist das denn?

Bionik gibt es nur zweimal in Deutschland – in Gelsenkirchen/Bocholt und Bremen. Ich vertiefe mich in die Seiten der Hochschule Bremen und stelle fest, dass ich mich, ohne es zu merken, drei Stunden von einer themenspezifischen Seite zur nächsten gehangelt habe. In der Bionik geht es um Libellen als Vorbilder für Kleinstflugzeuge, klebstofffreie Haftsysteme oder die Spinnenfortbewegung als Vorbild für autonome Laufroboter. Total spannend.

Bionik ist ein Fach, in dem zwei verschiedene Bereiche wichtig sind: Mathematik/Naturwissenschaften und (ausgewählte) Ingenieurwissenschaften. Ausgehend von der Betrachtung und der Analyse natürlicher Gegebenheiten, werden ingenieurwissenschaftliche Modelle erstellt, die in der Industrie, der Technik oder der Medizin Anwendung finden. Irgendwie finde ich das auch kreativ und inspirierend. Ich recherchiere mittels Tabelle 29 die übrigen grauen Felder und erhalte so die Studiengangkarte auf S. 130/131.

Problematisch könnte die Bewerbung für die internationale Bionik an der HS Bremen sein, die sehr gut passen würde, aber für die ich wahrscheinlich keinen Studienplatz bekommen werde. Bewerben werde ich mich natürlich trotzdem, denn man weiß ja nie. Die Bionik in Gelsenkirchen passt anscheinend nicht ganz so gut, aber ich würde mit einer hohen Wahrscheinlichkeit einen Studienplatz erhalten. Bionik ist somit definitiv ein passender Studiengang. Zwei Felder in meiner Studienkarte auf Seite 130 sind nun also belegt.

Da mir innerhalb der Biologie die Genetik sehr viel Spaß macht, gebe ich als nächsten Suchbegriff „Genetik" in die Suchmaschine ein. Ich durchforste wieder die Ergebnisliste und bleibe bei der Molekularen Medizin hängen. Klingt interessant. Ich verfahre im Folgenden genauso wie bei der Bionik.

Studiengangkarte

Feld	Item	vgl. Seite	Ausprägung	Feld 26 (vgl. S. 107): _Mathe-matik und Naturwissenschaften_		Feld 27 (vgl. S. 107): _Ingenieurwissenschaften_	
				Studiengang 1	Studiengang 2	Studiengang 3	Studiengang 4
1	HZB	46	Abitur				
2	Note	46	ca. 1,5 (bin noch nicht fertig)				
3	Wartezeit	46	0				
4	LK 1	46	Bio				
5	LK 2	46	Deutsch				
6	LK 3	46	Mathe				
7	Lieblingsfach 1	46	Bio				
8	Lieblingsfach 2	46	Kunst				
9	Fähigkeit 1	46	naturwissenschaftliche Fähigkeiten				
10	Fähigkeit 2	46	künstlerische Fähigkeiten				
11	Fähigkeit 3	46	sprachliche Fähigkeiten				

Kapitel 17: Ein Beispiel

12	Fähigkeit 4	46	mathematische Fähigkeiten							
13	Interessengebiet 1	46	intellektuell-forschend							
14	Interessengebiet 2	46	technisch-praktisch							
15	Interessengebiet 3	46	unternehmerisch							
16	Angestrebtes Bruttojahresgehalt	46	mind. 60.000 €							
17	Leistungsbereitschaft	46	hoch							
18	Studienort	50	egal							
19	Hochschulform	54	Universität							
20	Ausrichtung der Hochschule	56	gute Lehre							
21	Auslandssemester	58	Ja							
22	Angestrebter Abschluss	64	Master							
23	Berufsaussichten	66	Gehe meinen Weg							
24	Kosten pro Monat	71	ca. 800 Euro (Berlin)							
25	Einnahmen pro Monat	79	ca. 800 Euro (Eltern + 400 Euro-Job)							

Studiengangkarte

Feld	Item	vgl. Seite	Ausprägung	Feld 26 (vgl. S. 107): *Mathematik und Naturwissenschaften*		Feld 27 (vgl. S. 107): *Ingenieurwissenschaften*	
				Studiengang 1 *Internationale Bionik, Bremen*	Studiengang 2 *Bionik, Gelsenkirchen/Bocholt*	Studiengang 3	Studiengang 4
1	HZB	46	Abitur	+	+		
2	Note	46	ca. 1,5 (bin noch nicht fertig)	NC = 1,4 Also –	NC = 2,3 Also +		
3	Wartezeit	46	0	8 Semester Also –	6 Semester Also –		
4	LK 1	46	Bio	+	+		
5	LK 2	46	Deutsch	–	–		
6	LK 3	46	Mathe	+	+		
7	Lieblingsfach 1	46	Bio	+	+		
8	Lieblingsfach 2	46	Kunst	+	+		
9	Fähigkeit 1	46	naturwissenschaftliche Fähigkeiten	+	+		
10	Fähigkeit 2	46	künstlerische Fähigkeiten	+	+		
11	Fähigkeit 3	46	sprachliche Fähigkeiten	–	–		

Kapitel 17: Ein Beispiel

12	Fähigkeit 4	46	mathematische Fähigkeiten	+	+
13	Interessengebiet 1	46	intellektuell-forschend	+	+
14	Interessengebiet 2	46	technisch-praktisch	+	+
15	Interessengebiet 3	46	unternehmerisch	–	–
16	Angestrebtes Bruttojahresgehalt	46	mind. 60.000 €	+	+
17	Leistungsbereitschaft	46	hoch	+	+
18	Studienort	50	egal	+	+
19	Hochschulform	54	Universität	–	–
20	Ausrichtung der Hochschule	56	gute Lehre	+	–
21	Auslandssemester	58	Ja	+	–
22	Angestrebter Abschluss	64	Master	+	–
23	Berufsaussichten	66	Gehe meinen Weg	+	+
24	Kosten pro Monat	71	ca. 800 Euro (Berlin)	ca. 800 Euro Also +	ca. 800 Euro Also –
25	Einnahmen pro Monat	79	ca. 800 Euro (Eltern + 400 Euro-Job)	+	+

18 Vor- und Nachteile gegeneinander abwägen

Die einfachste Vorgehensweise wäre natürlich, alle +-Felder zu addieren und dem Studiengang mit den meisten +-Feldern zum Gewinner zu küren. Aber wie es nun mal so ist, kann das Ergebnis doch nicht 100-prozentig als die einzig richtige Lösung gewertet werden. Denn alle objektiv gesammelten Informationen können unterschiedlich gewichtet werden. Wiegt der Studienort schwerer als die Studienkosten? Sind die Berufsaussichten wichtiger als die Interessen? Dies ist eine subjektive Entscheidung, die jeder individuell für sich treffen muss. Grundsätzlich gilt natürlich, je mehr positive Bewertungen ein Studiengang erhalten hat, desto weiter oben sollte er auf der Favoritenliste rangieren.

Natürlich gibt es auch einige harte Kriterien, die eingehalten werden müssen, wie beispielsweise die Hochschulzugangsberechtigung oder die Erfüllung von Auswahlgrenzen. Obwohl diese harten Kriterien variieren können, wie ich in einigen Kapiteln bereits angesprochen habe, solltest du dir einen groben Überblick über die harten Kriterien der interessanten Studiengänge machen, um ungefähr abschätzen zu können, welches Bewerbungsprozedere für dich in Frage kommen würde, und ob das akzeptabel für dich wäre (siehe hierzu das Kapitel 20). Es sei noch einmal an Medizin und Psychologie erinnert, die du mit einer Abiturnote von 3,5 nur schwerlich wirst sofort in Angriff nehmen können.

19 Die Entscheidung

Tja, Ende. Du hast es geschafft. Gut, fast geschafft, denn das Wichtigste kommt jetzt: Du musst eine Entscheidung treffen. Vielleicht fällt dir das leicht, weil sich beim Vergleich der Daten ein klarer Favorit hervorgetan hat. Vielleicht liegen zwei Studiengänge gleich auf. Vielleicht sagt dir auch dein Bauch, dass du diesen einen wählen sollst, obwohl er nur auf Position 4 steht. Dieser Fall ist relativ einfach: Hör auf deinen Bauch!

Lass dir gesagt sein, dass du an diesem Punkt nur noch alles richtig machen kannst. „Falsche" Studiengänge gibt es jetzt nicht mehr. Du hast Muffensausen, verständlich, aber das hatte jeder, auch ich. Es ist schließlich eine wichtige Entscheidung. Angst, oder besser – Respekt vor dieser Entscheidung zu haben, ist natürlich und wichtig, denn man soll sie nicht leichtsinnig treffen. Aber das tust du ja nicht. Wenn du schnell warst, hast du dich mindestens einen Tag lang mit dieser Entscheidung beschäftigt. Mit sehr großer Wahrscheinlichkeit hat dich die Entscheidung aber länger beschäftigt. Du hast Abschnitte dieses Leitfadens vielleicht mehr als einmal durchgearbeitet. Du hast mit deinen Eltern über bestimmte Probleme gesprochen. Du hast dir Gedanken über Verdienstmöglichkeiten gemacht. Du hast vielleicht beim Einschlafen an verschiedene Studiengänge oder Studienorte gedacht oder beim Fernsehen, wenn ein Bericht über Universitäten in den Nachrichten kam. Und beim Surfen im Internet wirst du „ganz von allein" auf die eine oder andere Seite gestoßen sein, die mit möglichen Studiengängen zu tun hatte. Du triffst die Entscheidung sorgfältig. Punkt.

Des Weiteren haben sich Studiengänge herauskristallisiert, die wirklich mit dir zu tun haben. Wenn du ehrlich auf die Fragen geantwortet hast, werden da jetzt maximal zwölf Studiengänge vor dir liegen, die dich mehr oder weniger interessieren, die deinen Fähigkeiten entsprechen und mit denen du später den Arbeitsmarkt angreifen kannst. Alle zwölf, elf, zehn oder vier Studiengänge, die jetzt vor dir liegen, sind richtige Studiengänge für dich.

Aber welchen du jetzt wählst, liegt ganz allein bei dir und muss auch ganz allein bei dir liegen. Ob du dich dabei auf das Scoring verlässt oder auf dein Gefühl, ist dein Ding. Aber es sei dir gesagt, dass auch die Art, wie du dich entscheidest, viel mit deiner Person zu tun hat. Wählst du aufgrund des Scorings, entspricht das wohl eher deinem Naturell, harten Fakten zu vertrauen. Wählt dein Bauch, dann haben eher Emotionen Einfluss auf deine Entscheidungsprozesse. Beides ist richtig.

20 Bewerbung zum Studium

Eine Bewerbung um einen Studienplatz ist für angehende Studenten aus mehrerer Hinsicht eine aufreibende Sache. Da hat man sich Studiengang und Studienort herausgesucht, die am besten zur geplanten Zukunft passen, und ist nun abhängig von anderen sowie von Faktoren, die man nicht beeinflussen kann.

Enttäuschungen können minimiert werden, wenn sich rechtzeitig über die Zulassungschancen informiert wird. Das Wissen um Zugangschancen kann es aber auch ermöglichen, dass die wesentlichen Studienwünsche in Erfüllung gehen.

Der Nutzen, den diese Recherche mit sich bringt, muss allerdings hart erarbeitet werden, denn es wird notwendig sein, sich mit vielen formalen und auch trockenen Regelungen auseinanderzusetzen! Sieh es als notwendiges Übel, dass dir Türen öffnen und dich deinem favorisierten Studiengang näher bringen kann. Schließlich hast du auf den vergangenen Seiten und in den letzten Tagen viel Energie und Zeit investiert, um Student bzw. Studentin in genau diesem Studiengang zu werden. Die folgenden Seiten sind eventuell wenig unterhaltsam, aber dafür umso lohnenswerter, wenn du einen Überblick über clevere Bewerbungsstrategien bekommen willst. Also bitte – lesen!

20.1 Bewerbungsunterlagen

Die Bewerbungsmodalitäten unterscheiden sich von einem Bundesland zum anderen und von einer Universität/Hochschule zu anderen. Wenn du die Bildungseinrichtungen ausgewählt hast, an denen du dich bewerben willst, dann erkundige dich im Internet oder telefonisch, bis wann die Bewerbung eintreffen muss und welche Bestandteile die Bewerbung enthalten soll.

In der Regel setzt sich ein Bewerbungsschreiben aus folgenden Unterlagen zusammen, wobei der letzte Punkt vor allem für Einrichtungen wichtig ist, die ihre Bewerber nach einem individuellen Verfahren sortieren:
- ausgefülltes Formblatt der Bildungseinrichtung,
- beglaubigte Kopie des Abiturzeugnisses,
- Lebenslauf,
- Motivationsschreiben.

Die auszufüllenden Formblätter können mittlerweile von den Internetseiten der Einrichtungen herunter geladen werden.

Formale Zulassungsbedingungen für ein Studium

Artikel 12 unseres Grundgesetzes besagt: *„Alle Deutschen haben das Recht, Beruf, Arbeitsplatz und Ausbildungsstätte frei zu wählen."*

Theoretisch könnte man also davon ausgehen, dass in Deutschland jeder das Recht hat, sein Studium frei zu wählen. Vorausgesetzt natürlich, dass er die Eignung hierfür nachweisen kann – also eine Hochschulzugangsberechtigung besitzt.

Aber jede Theorie hat so ihre Tücken, wie du im Studium noch bemerken wirst.

Wie in den Beschreibungen der Fächergruppen schon angedeutet wurde, gibt es einen gewissen Kampf um beliebte Studiengänge. Dies ist keine böse Absicht der Bildungseinrichtungen, sondern hängt mit den ganz normalen Kapazitätsgrenzen zusammen. Eine Hochschule kann nur so viele Studenten aufnehmen, wie sie Plätze zur Verfügung hat. Das musst du nicht gut finden, aber ebenso problematisch sind Seminare mit 70 Studenten, in denen konzentrierte Arbeit kaum noch möglich ist. Die Bilder aus vollgestopften Hörsälen kennst du wahrscheinlich.

Bewerben sich mehr Studenten als es Plätze gibt, greift in den meisten Fällen der Numerus Clausus, auch NC abgekürzt.

20.2 Zulassungsbeschränkt und zulassungsfrei

Bewerben sich mehr Bewerber für ein Studium an einer Hochschule als Studienplätze vorhanden sind, kann die Hochschule Bewerber ablehnen. Dabei gilt der Grundsatz aus dem Verwaltungsrecht: „Gleiches gleich und Ungleiches ungleich behandeln". Sicherlich kommt die Praxis der Studienplatzvergabe vielen ungerecht vor. Die Frage, warum ein Einser-Abiturient ein besserer Arzt werden soll als jemand mit einem soliden Dreierbschluss, ist berechtigt. Es geht bei den Auswahlverfahren jedoch nicht nur um die Eignung. Vielmehr geht es um ein handhabbares Verfahren, welches transparent und effizient ist. Zudem existieren auch viele Verfahren, die die Eignung des Bewerbers in den Vordergrund rücken. Leider sind diese Verfahren recht aufwendig.

Es gibt bei der Verteilung von Studienplätzen vier grundlegend verschiedene Vorgehensweisen:

20.2.1 Zulassungsfreie Studiengänge

Wer einen solchen Studiengang ins Auge gefasst hat, hat, sofern er die formalen Zulassungsvoraussetzungen erfüllt, absolut nichts zu befürchten. Es genügt einfach während der Immatrikulationszeit zur Hochschule zu gehen und sich dort einzuschreiben. Nicht selten gibt es bei zulassungsfreien Studiengängen jedoch einige formale Voraussetzungen, wie beispielsweise Sprachkenntnisse oder berufliche Erfahrungen.

20.2.2 Örtlich zulassungsbeschränkte Studiengänge

Hier müssen nicht nur die formalen Voraussetzungen erfüllt werden. Es wird unter den zulassungsberechtigen Bewerbern ein Auswahlverfahren durchgeführt. Diese Auswahlverfahren sind sehr unterschiedlich. Sie gleichen sich aber zumindest darin, dass es sich bei allen um Ranglistenverfahren handelt (vgl. auch Kapitel 20.3). Rangliste bedeutet, dass anhand festgelegter Kriterien alle Bewerber sortiert werden. Angenommen werden dann die Bewerber auf den vorderen Rangplätzen für die es Studienplätze gibt. Alle anderen erhalten keine Zulassung und können sich nicht einschreiben.

20.2.3 Bundesweit beschränkte Studiengänge und Serviceverfahren Hochschulstart

Bundesweit beschränkte Studiengänge sind die sehr beliebten Studienfächer Human-, Zahn- oder Tiermedizin und Pharmazie. Wer sich für einen dieser Studiengänge interessiert kommt am Auswahlverfahren durch Hochschulstart (vormals ZVS) nicht vorbei.

Außerdem gibt es die Serviceverfahren durch Hochschulstart. Hier können die Hochschulen die Auswahlverfahren an Hochschulstart abgeben.

Auch hier handelt es sich um ein Ranglistenverfahren (vgl. auch Kapitel 20.3). Allerdings ist das Vergabeverfahren mehrstufig. Zunächst werden von Hochschulstart 20 Prozent der Studienplätze über die Abiturnote, dann 20 Prozent über die Wartezeit verteilt. Die verbleibenden 60 Prozent werden an die Hochschulen in das „AdH", dem Auswahlverfahren der Hochschule zurückgegeben.

20.2.4 Eignungsbezogene Auswahlverfahren

Bei vielen Studiengängen gehen die Hochschulen davon aus, dass neben der Hochschulreife eine ganz besondere Eignung für den Studienerfolg notwendig ist. Dies ist meist der Fall bei elitär ausgerichteten Studiengängen und Studiengängen, die auf ein besonders anspruchsvolles akademisches Ziel hinführen. Solche Studiengänge haben in der Regel niedrige Studierendenzahlen. Deswegen können hier besondere Auswahlverfahren durchgeführt werden, welche die individuelle Eignung der Bewerber ins Zentrum der Auswahl stellen und nicht nur auf die schulischen Leistungen schauen. Die eignungsbezogenen Auswahlverfahren sind je nach Studiengang äußerst unterschiedlich. Häufig werden Tests durchgeführt, die sich mit studienspezifischen Aufgaben an die Lösungsfähigkeit der Bewerber wenden. Weit verbreitet sind auch besondere Erfordernisse an die Bewerbungsunterlagen. Oft werden ein Motivationsschreiben und ein aussagekräftiger Lebenslauf verlangt. Auch Auswahlgespräche werden geführt – sogar Assessment-Center veranstaltet. Wer hier bestehen möchte, muss sich sehr gut vorbereiten und mit den Anforderungen des Studienganges beschäftigen.

20.3 Ranglistenverfahren

Ist ein Studiengang zulassungsbeschränkt wird ein sogenanntes Auswahlverfahren durchgeführt. Die grundlegenden Regelungen für diese Auswahlverfahren sind in den jeweiligen Ländergesetzgebungen definiert und im Detail recht unterschiedlich. Deswegen ist ein allgemeiner Überblick zu den Auswahlverfahren nahezu unmöglich. Fast jeder Studiengang in Deutschland hat eine eigene Auswahlsatzung. Jedoch ähneln sich viele Verfahren sehr stark. Das ist wie mit dem konjugieren fremdsprachiger Verben: die meisten sind regelmäßig, einige sind unregelmäßig, bilden aber Gruppen und andere wiederum schlagen völlig aus der Art.

Zumindest bei staatlichen Hochschulen gibt es jedoch die grundlegende Bedingung, dass die Note der Hochschulzugangsberechtigung und mindestens ein weiteres Kriterium herangezogen werden muss. Diese Regelung führt zum häufigsten und einfachsten Ranglistenverfahren, dem Auswahlverfahren nach Abiturbestenquote und Wartezeit.

In diesem Verfahren werden die Abiturnote und die Wartezeit als Vergabekriterien genutzt. Auch wenn dieses Verfahren weit verbreitet ist, gibt es unzählige Abwandlungen und Unterschiede im Detail.

Ein Beispiel soll ein mögliches Muster dieses Verfahrens illustrieren. Das Vergabeverfahren in unserem Beispiel ist in die Abschnitte Hauptverfahren, Nachrückverfahren und Losverfahren unterteilt:
- **Hauptverfahren:** Zunächst werden alle Bewerber anhand ihrer Durchschnittsnote der Hochschulzugangsberechtigung sortiert. Die beste Note steht natürlich oben in der Liste. Da in jedem Bewerbungsverfahren viele Bewerber mit gleicher Abiturnote sind, wird als nachrangiges Kriterium die Wartezeit der Bewerber zur Hilfe genommen, um die Bewerber mit gleichem Notenrang zu sortieren. Hierbei gilt, dass Bewerber mit langer Wartezeit in ihrer Notengruppe nach oben rutschen. Nun wird die Menge der besten Bewerber ausgezählt, die der Anzahl der Studienplätze entspricht.

Im zweiten Schritt wird die Vergabe über die Wartezeit durchgeführt. Alle übrigen Bewerber werden nun anhand Ihrer Wartezeit absteigend sortiert. Als Hilfskriterium dient jetzt die Abiturnote. Auch hier wird wieder die entsprechende Menge der besten Bewerber ausgezählt. Alle, die in beiden Quoten in der Zulassungsmenge waren, erhalten Post von der Hochschule mit der Aufforderung sich bis zu einem bestimmten Stichtag für den Studiengang zu immatrikulieren.

Tabelle 30: Hauptverfahren – Beispieltabelle

Abiturbestenquote			Wartezeitquote		
Rang	Abiturnote	Wartesemester	Rang	Wartesemester	Abiturnote
1.	1,0	0	1.	12	3,5
2.	1,6	2	2.	11	2,8
...	...	...	...	...	...
30.	2,3	4	10.	8	2,6
31.	2,3	3	11.	8	2,7
...	...	...	...	...	...
80.	**2,6**	**4**	**20.**	**7**	**2,5**
81.	2,6	3	21.	6	2,6

Bei diesem Beispiel wurden 80 Studienplätze über die Abiturnote (Grenzrang Abiturnote 2,6 und 4 Wartesemester) und 20 Studienplätze über die Wartezeit (Grenzrang Wartesemester 7 und Abiturnote 2,5) vergeben (vgl. fettgesetzte Zahlen in der Tabelle).

- **Nachrückverfahren:** Im Hauptverfahren, wurden die zugelassenen Bewerber aufgefordert, sich zu einem bestimmten Stichtag einzuschreiben! Naturgemäß nehmen nicht alle, die eine Zulassung erhalten haben, den Studienplatz an und lassen ihren Platz verfallen. Diese Plätze werden nun für das Nachrückverfahren frei. Dabei werden die Ranglisten aus dem Hauptverfahren einfach um die freigewordenen Plätze verlängert. Nicht selten springt über ein Drittel der Bewerber aus dem Hauptverfahren ab. Wer also im Hauptverfahren eine Zulassung knapp verpasst hat, hat gute Chancen nachzurücken.
- **Losverfahren:** Da auch im Nachrückverfahren nicht zwangsläufig alle Studienplätze vergeben werden, führen viele Hochschulen Losverfahren durch. Hier werden sämtliche Restplätze verlost. An der Verlosung nehmen üblicherweise die leer ausgegangenen Bewerber aus dem Haupt- und Nachrückverfahren teil, aber auch andere, die sich hierfür bewerben. Grundsätzlich muss die Teilnahme am Losverfahren, meist formlos, beantragt werden. Dies geschieht entweder recht einfach im Bewerbungsbogen für das Hauptverfahren durch ein Kreuz an der richtigen Stelle oder durch einen einfachen Antrag. Ausreichend ist in vielen Fällen eine Postkarte, auf der steht, dass man am Losverfahren für den Studiengang teilnehmen möchte.
- **Zulassungsquoten:** Neben den Hauptquoten der Hochschulen wie der *Abiturbestenquote* und der *Wartezeitquote* gibt es verschiedene Vorabquoten. Diese Vergabequoten werden vor dem Hauptverfahren bedient. Typische Vertreter dieser Quoten sind die *Quote für ausländische Bewerber* oder die *Härtefallquote*. Mit ausländischen Bewerbern sind in der Regel Bewerber gemeint, die ihre Hochschulzugangsberechtigung nicht in der EU erworben haben. Die Staatsbürgerschaft spielt hier meist eine untergeordnete Rolle: Hochschulen unterscheiden in Bildungsinländer und Bildungsausländer. Die Härtefallquote ist für Bewerber, die zum Zeitpunkt des Erwerbs der Hochschulzugangsberechtigung einen besonderen Schicksalsschlag erleiden mussten, der nachvollziehbar die Leistungen beeinträchtigt hat. Anerkannt werden nur wirkliche Schicksalsschläge. Wer also meint, seinen Schnupfen während der Abiturprüfungen angeben zu müssen, wird auf recht empfindliche und verständnislose Reaktionen des Zulassungsamtes treffen. Grund hierfür ist, dass häufig mehr anerkannte Härtefälle als Härtefallplätze vorhanden sind und manchmal selbst echte Schicksale nicht berücksichtigt werden können. Deswegen sollte man hier keinen Missbrauch oder besonders clevere Tricks versuchen.

Im Vergabeverfahren von Hochschulstart gibt es eine weitere Quote: Die *Quote für das Auswahlverfahren der Hochschulen (AdH)*. Nachdem Hochschulstart 40 Prozent der Studienplätze über Abiturbestenquote und Wartezeitquote vergeben hat, werden nach formalen Kriterien die Bewerber in die AdH übergeben und dort nach hochschulspezifischen Kriterien ausgewählt. Ab hier ist es nicht mehr möglich einen allgemeinen Überblick zu geben weil einerseits die Verfahren hochgradig unterschiedlich sind und sich auch häufig verändern. Kurzum findet sich in diesem Bereich alles, was Auswahlverfahren so hergeben: Motivationsschreiben, Auswahlgespräche und Tests, Indizes über Noten, Berufserfahrung und vieles mehr.

20.4 Mythen um die Auswahlverfahren

Im Bereich der Bewerbungsverfahren kursieren seit Jahrzehnten diverse Mythen. Einige halten sich dermaßen hartnäckig, dass sie bereits in den alltäglichen Jargon der Hochschulen übernommen worden sind.

Mythos 1 und vielleicht das schönste Beispiel hierfür ist der berühmt-berüchtigte NC! NC steht für Numerus Clausus, ist Latein und heißt direkt übersetzt „geschlossene Zahl". Numerus Clausus bedeutet lediglich, dass es eine bestimmte Anzahl von Studienplätzen gibt und diese nach einem gerechten Verfahren auf die Bewerber verteilt werden. Der NC ist also KEINE Abiturnote. Wer sagt, „mein NC ist 2,4" redet – streng genommen – Blödsinn. Trotzdem ist diese Redewendung so verbreitet, dass selbst viele Universitäten sie übernommen haben. Nur ein paar, die es genau nehmen, werden nicht müde, solche Redewendungen zu verbessern. Dazu gehöre auch ich!

Mythos 2 handelt von den Wartesemestern und wie sie zustande kommen. Nur zur Wiederholung: Ein Wartesemester bezeichnet ein Kalendersemester und es fällt „einfach so" an, ab dem Moment, ab dem die Hochschulzugangsberechtigung erworben wurde. Man muss sich nicht für einen Studiengang permanent bewerben, um Wartesemester zu erhalten, sondern man bekommt sie automatisch ab dem Zeitpunkt, ab dem die Hochschulzugangsberechtigung vorliegt (vgl. auch Kapitel 2.2).

In Mythos 3 wird die Abiturnote durch die Wartezeit verbessert, weil sie pro Wartesemester um ein Zehntel schrumpft. Manchmal fragt man sich wirklich, wer solche Ideen in die Welt setzt. Quatsch, und zwar großer. Einmal 4,0, immer 4,0. Da hilft auch kein Warten. Es sei denn ... du warst während des Abiturs ernsthaft krank. Dann hast du die Möglichkeit, einen „Antrag auf Nachteilsausgleich – Verbesserung der Durchschnittsnote" zu stellen. Mit diesem

Antrag kann bei erfolgreicher Antragsstellung die Abiturnote angehoben werden, wenn über eine andauernde Schulzeit konstant bessere Noten als im Abitur nachgewiesen werden können und besondere Gründe, wie z. B. eine schwere Erkrankung, vorlagen, welche die Abiturprüfung in besonderem Maß negativ beeinflusst haben. Wesentlich für den Antragserfolg ist die Unterstützung der Lehrer!

Mythos 4 betrifft noch einmal den NC. Der Numerus Clausus für einen Studiengang wird vor der kommenden Bewerbung festgelegt. Dies ist völlig richtig – aber für viele missverständlich. Denn festgelegt wird die Anzahl der Studienplätze, welche zu vergeben sind. Dagegen wird nicht die Note festgelegt, mit der eine Zulassung erfolgt, diese wird immer erst während des Zulassungsverfahrens festgestellt. Die Listen des Numerus Clausus, die häufig im Internet zu finden sind, spiegeln die Ergebnisse der vergangenen Verfahren wieder und sind keine Richtlinie für die kommenden Verfahren. Allerdings bleiben die „NCs" oder besser „Auswahlgrenzen" in der Regel recht stabil.

Halb-und-halb-Mythos 5: Im Sommersemester sind die Chancen auf einen Studienplatz viel besser. Grundsätzlich ist diese Aussage nicht ganz „unrichtig". Aber sie trifft nur auf Studiengänge zu, die sich eher mittlerer Beliebtheit erfreuen und eine einigermaßen hohe Anzahl an Studienplätzen bieten. Ist das Verhältnis bei einem Studiengang von Bewerbern und Studienplätzen sehr ungünstig, steigen die Zulassungschancen auch zum Sommersemester recht wenig. Abhängig ist dies davon, wie viele der sehr guten Bewerber bereits zum Wintersemester einen Platz erhalten haben. Ist im winterlichen Vergabeverfahren die Riege der besten Abiturienten untergekommen, kommen zum Sommersemester die Abiturienten aus der „zweiten Reihe" zum Zug. Sonst nicht. Ein gutes Beispiel, bei dem selbst im Sommersemester kaum bessere Chancen bestehen, ist der Studiengang Medizin. Hinzu kommt übrigens, dass zum Sommer meist deutlich weniger Studienplätze angeboten werden. Und: die Mehrzahl der Studiengänge in Deutschland kann nur zum Wintersemester begonnen werden.

20.5 Perspektiven und Zulassungsgrenzwerte

Einen Numerus Clausus gab es schon immer. Damit einhergehend gibt es auch schon lange die Sorge von jungen Abiturienten, ob der Notendurchschnitt wohl auch für das Traumstudium ausreichen wird. Leider hat sich in den vergangenen Jahren die Zugänglichkeit von Studiengängen verschlechtert. Der wesentliche Grund hierfür ist das verkürzte Abitur.

Das sogenannte „Turboabi" führt dazu, dass in den jeweiligen Bundesländern die zwölften und dreizehnten Jahrgänge gleichzeitig ihre Hochschulzugangsberechtigung erhalten und sich somit die Anzahl von Studienplatzbewerbern deutlich erhöht. Dieser Prozess wird sich etwa bis 2016 hinziehen. Eine zusätzliche kurzfristige Auswirkung hat die Abschaffung des Wehr- und Zivildienstes. Sicherlich werden sich die Bewerberzahlen nochmals sprunghaft erhöhen. Aktuelle Schätzungen gehen von circa 260.000 zusätzlichen Studienbewerbern bis 2013 alleine durch die doppelten Abiturjahrgänge aus. Obwohl die Verantwortlichen in der Bildungspolitik und in der Hochschullandschaft die Notwendigkeit erkannt haben, die Studienkapazitäten zu erhöhen, erfolgen die Reaktionen der Hochschulen recht zögerlich. Zwar sollen die Studierendenzahlen ab 2016 wieder abnehmen, aber in den kommenden Jahren wird sich die Lage im Zulassungsbereich der Hochschulen nicht wesentlich verbessern. Somit ist eine gute Abiturnote sehr wichtig, um eine breite Auswahl von Studienmöglichkeiten zu haben.

20.6 Tipps für die Studienbewerbung

Jeder, der die Möglichkeit zum Studium hat, sollte auch studieren. Immer wieder zeigen Studien und Statistiken, dass Akademiker weit unterdurchschnittlich von Arbeitslosigkeit betroffen und meist viel zufriedener mit Ihrem Beruf sind. Es stellt sich also die Frage, wie jemand mit einem mittelmäßigen Abitur bei den heutigen Zulassungshürden in einen bestimmten Studiengang kommt!

1. Örtliche Flexibilität: Gerade an beliebten Studienorten sind die Auswahlgrenzen für nahezu alle Studiengänge recht hoch. Hochschulen in Großstädten und in schönen Studentenstädtchen ziehen viele Bewerber an. In solchen Orten kommt es vor, dass sich zehn Bewerber um einen Studienplatz bewerben. Solche Verhältnisse führen zu Einser-NCs. Also gilt: Vor allem an Orten, die auf den ersten Blick unattraktiv erscheinen, sind die Aufnahmechancen in der Regel wesentlich besser. Liegt die Auswahlgrenze in Berlin für das Fach BWL im Einserbereich, ist der gleiche Studiengang in Clausthal sogar zulassungsfrei. Und: die kleinen Standorte, welche sich nicht uneingeschränkter Beliebtheit erfreuen, haben oftmals sehr gute Studienbedingungen und einen hervorragenden Ruf. Beispielsweise ist die TU in Ilmenau eher unbeliebt – aber für den medientechnischen Bereich ganz klar eine der Tophochschulen in Deutschland.

2. Eignungsspezifische Auswahlverfahren suchen: Gerade in Auswahlverfahren, die sich auf die spezielle Eignung der Bewerber richten, haben Bewerber mit durchschnittlichen Abiturnoten durchaus Chancen. Natürlich wird die Abiturnote nicht völlig außer Acht gelassen. Aber: Wenn ein Bewerber gut passt, hat er auch dann eine Chance, wenn die Konkurrenten mit besseren Noten aufwarten.

3. Vielfachbewerbung: Natürlich soll sich jeder für sein Traumstudienfach an seinem Traumstandort bewerben. Auch wenn die Chancen niedrig sind, gibt es immer wieder Glücksfälle in denen jemand über das Losverfahren reinrutscht. Außerdem können sich die Auswahlgrenzen auch verschieben. Es passiert durchaus, dass eine Auswahlgrenze stark schwankt. Grund hierfür ist meistens eine Veränderung der Studienkapazitäten. Wichtig ist aber vor allem, die Chancen auf Zulassung durch Mehrfachbewerbungen zu erhöhen. So bewerben sich die meisten angehenden Studierenden auf zehn bis fünfzehn Studienplätze. Bei der Auswahl der Studiengänge ist der „Mix" wichtig. Es sollten einige „sichere" Kandidaten im Bewerbungs-Portefeuille enthalten sein.

4. Alternative Studienfächer: Gibt es vielleicht Studiengänge, die dem Wunschstudienfach ähneln? Manchmal sind solche artverwandten Studiengänge eine sichere Bank. Ein BWL-Studium mit einer Fremdsprache als Wahlfach kann inhaltlich einem internationalen Management-Studium ähneln. Ein weiterer Tipp ist, große Studiengänge, also Studiengänge mit vielen Studienplätzen, zu suchen. Gerade hier sind die Chancen im Nachrückverfahren oftmals sehr hoch.

5. Warten? Im Kapitel über die Wartesemester habe ich großspurig geschrieben, dass jeder, der lange genug warten kann, seinen Studienplatz bekommt (vgl. Kapitel 2.2). Das ist auch vollkommen richtig, aber diese Strategie ergibt nur Sinn für solche, die sich tatsächlich zu etwas berufen fühlen. Ich wollte denjenigen Mut machen, die erst im vierten Halbjahr aufgewacht sind und trotz des Abschlusses von 3,4 Gehirnchirurg werden wollen. Das geht, dauert aber. Die Entscheidung, ob es sich lohnt zu warten, muss jeder alleine treffen. Für den einen oder anderen kann es attraktiv sein, zwei oder drei Jahre zu warten, gerade weil in dieser Zeit Auswahlgrenzen deutlich steigen können, so wie es in der Medizin in den vergangenen Jahren der Fall gewesen war. Für die meisten ist es eher nicht sinnvoll, auf einen Studienplatz zu warten. Denn, neben der Frage, wie die Wartezeit sinnvoll überbrückt werden kann, steht vor allem der Verdienstausfall einer Wartestrategie entgegen. Nur als kleiner Denkanstoß: Auch wenn dies wie eine Vergleich zwischen Äpfeln und Birnen anmutet, sollte bedacht werden, dass ein Akademiker im ersten Berufsjahr garantiert mehr als 30.000 Euro Jahresgehalt verdienen wird. Wenn jemand also nur ein Jahr wartet, hat er genau diesen Verdienstausfall.

6. Losverfahren: Die Teilnahme an Losverfahren darf nicht die Kernstrategie der Bewerbung sein. Dennoch ist die Teilnahme an vielen Losverfahren im Zweifelsfall vielversprechend. Diese Bewerbung kann meist formlos per Postkarte erfolgen.

Textvorschlag: Sehr geehrte Damen und Herren, hiermit stelle ich den Antrag auf Teilnahme am Losverfahren im Fach X.

Mit freundlichen Grüßen Y.

Adresse und Telefonnummer nicht vergessen!

Ein negativer Bescheid aus dem Losverfahren erfolgt in der Regel nicht, d. h. Bescheid erhalten nur die Studenten, die im Losverfahren freie Studienplätze erhalten haben.

7. Quereinstieg: Eine manchmal ganz gute Strategie, den Traumstudienplatz zu erlangen, ist der Quereinstieg. Grundsätzlich ist es möglich, sich für ein höheres Fachsemester zu bewerben, wenn Prüfungsleistungen im gewünschten Studienfach von mindestens einem Semester Umfang absolviert wurden. Das Verhältnis Bewerber zu freien Studienplätzen ist in höheren Semestern oftmals günstiger als beim Zulassungsverfahren zum ersten Fachsemester. Daraus ergeben sich interessante Möglichkeiten, die an zwei Beispielen illustriert werden sollen:

Beispiel 1: Bewerbung für ein Studium in der Zahnmedizin und dann in die Humanmedizin wechseln. In der Zahnmedizin wurden in den vergangenen Jahren Bewerber bis zu einer Note von 1,7 zugelassen. In der Humanmedizin lag die Grenze bei bestenfalls 1,5. Allerdings sind die Wechselchancen schwierig einzuschätzen. Wer diese Strategie verfolgt, muss sich im Klaren sein, dass er notfalls Zahnarzt wird.

Beispiel 2: An einer Fernhochschule können Studiengänge nicht zulassungsbeschränkt sein, weil es keine Kapazitätsgrenzen geben kann. Zumindest bisher. Wer also beispielsweise Psychologie studieren möchte und die Auswahlverfahren nicht schafft, kann sich recht problemlos an einer Fernuniversität für Psychologie einschreiben. Sobald Prüfungsleistungen im Umfang von mehr als einem Semester abgelegt wurden, starten die Bewerbungen ins höhere Fachsemester.

8. Studium im Ausland: Der Begriff NC-Flüchtling beschreibt, vielleicht etwas abwertend, Studierende, die aufgrund schlechter Zulassungschancen gleich ins Ausland gehen. Sehr beliebt sind dabei die deutschsprachigen Nachbarländer. Für viele Studienbereiche ist diese Vorgehensweise durchaus praktikabel. Aber für die Fächer, die einen extrem hohen Bewerberandrang haben, haben unsere Nachbarn ebenfalls hohe Hürden aufgebaut. Insbesondere Medizin ist hiervon stark betroffen. Viele andere Fächer sind aber noch relativ einfach zugänglich.

9. Studienplatzklage: Wenn alles schief gelaufen ist und die letzte Absage im Briefkasten liegt, wird es Zeit, das Problem grundsätzlich neu zu überdenken. Häufig ist eine Studienplatzklage ein guter und zielführender Weg ins Traumstudium. Bei vielen Fächern stehen die Chancen gar nicht schlecht. Grundsätzlich gilt aber, dass mit steigender Beliebtheit die Erfolgschancen sinken. Als Negativbeispiel muss wieder die Medizin herhalten. Selbst bei erfolgreicher Klage ist der Weg ins Medizinstudium nicht sicher. Im Normalfall gibt es mehr Kläger als noch zu vergebene Plätze, was dazu führt, dass die Plätze unter der Klägergemeinschaft verlost werden. Deswegen raten Rechtsexperten zu möglichst vielen Verfahren, um die Chancen zu erhöhen. Die Studienplatzklage ist ein Lotteriespiel mit hohem finanziellen Risiko: Ein Verfahren kann von 700,– bis zu 2.500,– Euro kosten. Bei mehreren Verfahren gegen mehrere Universitäten kommen hier dann schnell fünfstellige Beträge zusammen.

21 Schlusswort

Jetzt bleibt mir nur noch, dir viel Erfolg auf deinem selbst gewählten Weg zu wünschen. Du startest gut vorbereitet in Bewerbung und Studium.

Und wenn im Studium einmal Zweifel daran aufkommen, ob du den richtigen Weg gewählt hast, sei dir gesagt, dass jeder Absolvent solche Phasen durchgemacht hat und durchmachen wird. Du wirst in deinem Studium Momente erleben, in denen du am liebsten alles hinschmeißen möchtest, in denen du dich fragst, warum du dir diesen Sch… antust.

© Yuri Arcurs/Fotolia.com

Schmeiße nicht hin, bleibe dran und gehe den Weg zu Ende. Vertraue deiner eigenen Entscheidung! Denn solche Phasen vergehen. Und am Tag nach deiner letzten Prüfung, wenn deine letzte Amtshandlung darin besteht, deine Urkunde abzuholen, wirst du zufrieden sein, dass du dir vertraut hast und den Weg bis zum Schluss gegangen bist.

Also viel Erfolg, viel Spaß und auch ein wenig Glück!

Entlassen möchte ich dich mit einem Gedanken des bedeutenden Universitätsreformers Wilhelm von Humboldt (1980), der dir vielleicht eine kleine Richtlinie für dein Studium sein kann:

„Wo der Gedanke um des Gedanken willens entzückt, da führt echt wissenschaftlicher Sinn das Denken bis nahe zu seinem Urquell hin. Wo dasselbe zu Zwecken gebraucht wird, die nicht in ihm selbst liegen, da kann Wissenschaft vorhanden sein, aber ihr Geist ist wenigstens alsdann nicht lebendig." (S. 559)

Anhang

Literatur

Bergmann, C. & Eder, F. (2005). *Allgmeiner Interessen-Struktur-Test (AIST-R) mit Umwelt-Struktur-Test (UST-R). Revidierte Fassung.* Göttingen: Beltz Test.

BMBF – Bundesministerium für Bildung und Forschung (2010). *Die wirtschaftliche und soziale Lage der Studierenden in der Bundesrepublik Deutschland 2009. 19. Sozialerhebung des Deutschen Studentenwerks durchgeführt durch HIS Hochschul-Informations-System – Ausgewählte Ergebnisse –.* Bonn/Berlin: BMBF (vgl. auch Zugriff am 16.12.2011 unter http://www.studentenwerke.de/se/2010/Kurzfassung19SE.pdf).

Bundesagentur für Arbeit (2011). *Studien- und Berufswahl 2011/2012.* Nürnberg: Bundesagentur für Arbeit.

Holland, J. L. (1997). *Making vocational choices. A theory of vocational personalities and work environments* (3rd ed.). Odessa, FL: Psychological Assessment Resources.

Humboldt, W. von (1980). Über die Bedingungen, unter denen Wissenschaft und Kunst in einem Volke gedeihen. In W. von Humboldt, *Werke in fünf Bänden* (Band 1, S. 553–561). Darmstadt: Wissenschaftliche Buchgesellschaft.

Przegendza, M. (2011). *Wo gibt's Studiengebühren?* (Unicum.de, 26.08.2011). Zugriff am 16.12.2011 unter http://www.unicum.de/studienzeit/rund-ums-studium/finanzen/wo-gibts-studiengebuehren/.

Glossar

In diesem Glossar findest du einige Begriffe wieder, die auch im Haupttext erklärt wurden. Da ich sie aber für das Studium als besonders wichtig erachte, sind sie an dieser Stelle noch einmal aufgelistet. Ergänzt werden sie von Begriffen, denen du zwangsläufig bei deinen ersten Schritten in den universitären Gefilden begegnen wirst und die Bedeutung für die Organisation deines Studiums haben könnten.

Was du hier nicht finden wirst, sind Begriffe, die bereits eindeutig dem studentischen Alltag und wissenschaftlichen Arbeitsabläufen zugeordnet werden können. Für die Beantwortung diesbezüglicher Fragen stehen dir die Fachschaften, die Studienbüros und die Sekretariate der Fakultäten zur Verfügung.

AIESEC (Association Internationale des Etudiants en Science Economique et Commerciale) Eine Internationale Austauschorganisation für Studenten, die an wirtschaftlichen Fragen interessiert sind und ein Praktikum im Ausland absolvieren möchten. Sie ist auch als Beraterin bei der UNESCO und den Vereinten Nationen tätig. AIESEC vermittelt im Rahmen eines internationalen Praktikantenaustauschprogramms Praktika in ihren 80 Mitgliedsländern.

Akademisches Auslandsamt Das Akademisches Auslandsamt gibt es an jeder Hochschule. Es ist Anlaufstelle für ausländische Studierende in Deutschland, aber auch für deutsche Studenten, die im Ausland ein Praktikum absolvieren oder studieren möchten.

ASTA (Allgemeiner Studierenden Ausschuss) Selbstverwaltetes hochschulpolitisches Organ der studentischen Mitbestimmung, das jedes Jahr vom Studentenparlament neu gewählt wird. Aufgabe des AStA ist es, die Interessen der Studierenden an einer Hochschule zu vertreten und die Studierenden zu beraten bei der Wohnungssuche, dem Studienplatztausch und dem Studienfachwechsel. In Baden-Württemberg und Bayern ist der AStA nur für die musischen, sportlichen und geistigen Belange der Studierenden zuständig. In Baden-Württemberg erfüllt die Fachschaftskonferenz (FSK) die hochschulpolitischen Aufgaben, in Bayern der Studentische Konvent.

Bachelor z. B. Bachelor of Arts, Bachelor of Science, Bachelor of Engineering oder Bachelor of Law. Ursprünglich angelsächsischer Studienabschluss nach sechs bis sieben Semestern. Das Bachelor-Studium vermittelt ein breites wissenschaftliches Grundwissen. Nach dem Abschluss können die Studierenden entweder ins Berufsleben einsteigen oder in einem Aufbaustudiengang einen Masterabschluss erwerben.

BAföG Darlehen nach dem Bundesausbildungsförderungsgesetz – finanzielle staatliche Unterstützung für Studierende. Der Anspruch auf das unverzinsliche Darlehen richtet sich nach dem eigenen Einkommen sowie dem der Eltern oder des Ehepartners. BAföG wird nur innerhalb der Regelstudienzeit gezahlt. In Deutschland bekommt jeder fünfte Studierende BAföG.

Bologna-Prozess Als Bologna-Prozess wird die Umsetzung einer am 19. Juni 1999 von 29 Staats- und Regierungschefs in Bologna unterzeichneten Erklärung beschrieben, die auf die Harmonisierung und Internationalisierung des europäischen Hochschulraumes zielt. Die Hauptziele des Bologna-Prozesses umfassen vor allem folgende Schwerpunkte: die Schaffung eines Systems leicht verständlicher und international vergleichbarer Abschlüsse, die Schaffung eines zweistufigen Systems von Studienabschlüssen (Bachelor und Master), die Einführung des ECTS (European Credit Transfer System, die Förderung der europäischen Dimension in der Hochschulausbildung.

DAAD (Deutscher Akademischer Austauschdienst) Einrichtung der deutschen Hochschulen mit dem gemeinsamen Zweck, den internationalen akademischen Austausch zu fördern.

Dekan Leiter einer Fakultät. Der Dekan vertritt die Interessen der Fakultät und kümmert sich um die personelle Besetzung der einzelnen Lehrstühle. Darüber hinaus regelt er den Ablauf des Examens und bewilligt in Einzelfällen ungewöhnliche Kombinationen von Studienfächern.

Dies academicus Tag der offenen Tür an einer Universität. Interessierte können sich über die Fächerangebote an der Universität informieren. Studierende haben an diesem Tag in der Regel keine Veranstaltungen.

ECTS (European Credit Transfer System) Das ECTS soll die akademische Anerkennung im Ausland erbrachter Studienleistungen erleichtern. Dabei wird jeder Lehrveranstaltung – in den Bachelor- und Masterstudiengängen jedem Modul – eine bestimmte Zahl von Punkten, „credit points", zugeordnet. Sie sind Ausdruck des mit dem Besuch des Kurses verbundenen Arbeitsaufwands. Diese credit points werden dem Studenten für sein Studium „gutgeschrieben", wenn er die Lehrveranstaltung oder das Modul erfolgreich absolviert.

Einschreibungsgebühr/Semesterbeitrag Die jedes Semester anfallenden Gebühren sind von den Studierenden für die Universitätsverwaltung, das Studentenwerk und den AStA zu entrichten. Je nach Hochschule kann ein

Abonnement für den öffentlichen Nahverkehr (Semesterticket) mit eingeschlossen sein.

Erasmus-Programm Das Erasmus-Programm ist ein EU-Programm zur Förderung der Zusammenarbeit von Hochschulen sowie der Mobilität von Studierenden und Dozierenden. Es ist Teil des Sokrates- Programms. Zentraler Bestandteil sind die Anerkennung von Studienleistungen im Ausland anhand des European Credit Transfer Systems (ECTS) und die finanzielle Unterstützung von Austauschstudenten.

Exmatrikulation Abmeldung von der Hochschule

Fachbereich Fachrichtung innerhalb einer Fakultät. Die Philosophische Fakultät beherbergt z. B. die Fachbereiche Germanistik, Romanistik, Geschichte, Philosophie, etc.

Fachschaft Interessenvertretung der Studenten eines Studiengangs gegenüber den Lehrbeauftragten. Fachschaften verfügen über Insider-Informationen und können Studienanfängern viele Tipps zum Ablauf des Studiums geben.

Fakultät Abteilung einer Universität, die mehrere zusammengehörige Fachbereiche vereint. Z. B. juristische Fakultät, naturwissenschaftliche Fakultät, philosophische Fakultät.

Grundstudium Das Grundstudium ist der erste Teil eines Studiums. Das Grundstudium umfasst circa eineinhalb bis zwei Jahre. Welche Klausuren und Hausarbeiten geschrieben und welche Prüfungen im Grundstudium absolviert werden müssen, steht in der Prüfungsordnung des Studienfaches. Diese erhalten die Studierenden zu Beginn des Studiums bzw. können diese auf den Internetseiten der jeweiligen Fakultäten eingesehen werden.

Hauptstudium Das Hauptstudium baut auf dem Grundstudium auf und dauert in der Regel weitere eineinhalb oder zwei Studienjahre. Es endet mit dem Examen bzw. den Abschlussprüfungen und der Bachelor.

Hilfswissenschaftler (HiWi) Ein Hilfswissenschaftler ist eine studentische Hilfskraft, die einem Dozenten zuarbeitet. Die Art der Arbeiten, die dabei erbracht werden, reichen von einfachen Hilfeleistungen wie die Suche und die Beschaffung von Literatur in der Bibliothek über die Recherche von Themen bis hin zum Mitwirken an Artikeln oder wissenschaftlichen Beiträgen. Hilfswissenschaftler arbeiten auch als studentische Hilfskräfte in Fachbibliotheken.

Hochschulstart (ehemals ZVS – Zentralstelle für die Vergabe von Studienplätzen) Verwaltungseinrichtung, die einheitlich und bundesweit die zulassungsbeschränkten Studienplätze bei Fächern mit N.C. in bestimmten

Studiengängen vergibt. Hochschulstart ist auch für Studierende aus EU-Ländern zuständig.

ISIC (International Student Identity Card; Internationaler Studentenausweis) Der ISIC wird von der AStA oder dem Studentenwerk ausgestellt. Bei der Beantragung müssen normalerweise vorgelegt werden: der gültige Studentenausweis, ein aktuelles Passfoto und circa 10 Euro. Er gilt von Januar bis Dezember und verschafft dem Studierenden auch im Ausland manchmal ermäßigte Eintrittsgelder.

Immatrikulation Einschreibung an einer Hochschule.

KVV (Kommentiertes Vorlesungsverzeichnis) Im KVV werden sämtliche Veranstaltungsangebote eines einzelnen Faches aufgelistet. Das KVV ergänzt das allgemeine Vorlesungsverzeichnis einer Hochschule. Es stellt detailliert dar, welche Themen in einer Veranstaltung behandelt werden. Die Anmeldefristen zu den Seminaren sind angegeben, ebenso die Adressen und Sprechzeiten der Dozenten.

Leistungsschein (kurz: Schein) Bescheinigung über eine erbrachte und als ausreichend bewertete Studienleistung. Voraussetzung ist in der Regel eine Klausur, ein Referat oder eine Hausarbeit. Die Leistungen, die für Scheine erbracht werden müssen, werden im jeweiligen Seminar erläutert. Die Scheine sind die Voraussetzung für die Zulassung zum Hauptstudium und zum späteren Examen.

Master Studienabschluss, der auf dem Bachelor-Studium aufbaut, in der Regel weitere 1,5–2 Jahre in Anspruch nimmt und mit Prüfungen und der Master-Arbeit abgeschlossen wird.

Matrikelnummer Die Matrikelnummer ist die persönliche Kennzahl jedes Studierenden.

Modul Die Lehrveranstaltungen der Bachelor- und Masterstudiengänge sind modularisiert, d. h. zu thematisch zusammenhängenden Veranstaltungsblöcken (Modulen) zusammengefasst, für die jeweils eine Gesamtnote vergeben wird. Jedes Modul wird entsprechend dem mit der Teilnahme verbundenen Aufwand mit Credit Points gewichtet. Es gibt Pflichtmodule und Wahlmodule.

NC (Numerus Clausus = lat. „begrenzte Anzahl") Der NC gilt bei zulassungsbeschränkten Studiengängen, in denen es mehr Bewerbungen als Studienplätze gibt. Man unterscheidet zwischen universitätsinternem NC, der nur für die jeweilige Hochschule und das Fach gilt und zentralem NC, der bundesweit für einige Fächer von der Institution „Hochschulstart" (ehemals ZVS) ausgeschrieben wird. Der NC ändert sich jedes Semester.

Regelstudienzeit Zeitspanne, in der das Studium abgeschlossen werden soll. Festgelegt ist die Regelstudienzeit in der Prüfungs- und Studienordnung. Oft ist allerdings die reale Studiendauer länger als die Regelstudienzeit, da nicht immer der vorgegebene Zeitrahmen eingehalten werden kann, z. B. wenn Studierende neben dem Studium jobben müssen.

Rückmeldung Mitteilung an die Universitätsverwaltung am Ende eines Semesters, dass das Studium auch im kommenden Semester fortgesetzt wird. Die Rückmeldung erfolgt durch Überweisung des Semesterbeitrags. Im Gegenzug erhalten die Studierenden den für das nächste Semester gültigen Studentenausweis.

Semester Ein Semester bezeichnet das Akademische Halbjahr. In Deutschland ist das Jahr in ein Wintersemester (WS) von Oktober bis März und ein Sommersemester (SS) von April bis September aufgeteilt.

Semesterbeitrag siehe Einschreibungsgebühr.

Semesterticket Fahrausweis für den öffentlichen Nahverkehr, der ein Semester lang gültig ist. Meist ist der Studentenausweis gleichzeitig auch das Semesterticket. Die Gebühren sind dann im Semesterbeitrag enthalten.

Seminar 1. Veranstaltung eines Dozenten oder Professors. 2. Räumlichkeiten eines Fachbereichs mitsamt der dazugehörigen Fachbibliothek. Dort haben oft auch die Dozenten/Professoren ihre Büros, in denen sie sich vorbereiten und Sprechstunden für die Studierenden abhalten.

SOKRATES Das ist ein EU-Aktionsprogramm zur Förderung der transnationalen Zusammenarbeit im Bildungsbereich. Das Programm richtet sich an alle Einrichtungen im Bereich des Bildungswesens von der Vorschule bis zur Erwachsenenbildung.

Sozialbeitrag Der Sozialbeitrag ist ein in den Rückmeldungs- bzw. Einschreibungsgebühren enthaltener Beitrag, mit dem das Studentenwerk nicht staatlich finanzierte Dienstleistungen bezahlt (z. B. Kindertagesstätten, psychotherapeutische Beratungsstellen). Auch die studentische Selbstverwaltung wird zum Teil damit finanziert. Die Höhe der Sozialbeiträge ist in jedem Bundesland und an jeder Hochschule unterschiedlich.

Staatsexamen Studienabschluss, den z. B. Juristen, Mediziner und Lehrer nach Erbringung der geforderten Leistungen erhalten. Prüfung und Prüfungsinhalte werden von staatlicher Stelle organisiert.

Studentenwerk Verwaltungseinrichtung einer Hochschule, die für den Betrieb von Mensen und Cafeterien im Hochschulbereich zuständig ist, die

Vergabe von Wohnheimplätzen regelt sowie die eigenen Studentenwohnheime bewirtschaftet. Darüber hinaus bietet das Studentenwerk psychosoziale Beratungen an.

Studienbereich – Studienrichtung – Studiengang Der Studienbereich gibt die groben Fachbereich an wie Medizin. Die Studienrichtung bezeichnet das übergeordnete Fach, z. B. Humanmedizin. Der Studiengang bezeichnet das konkrete Studium an einer bestimmten Universität, das man gewählt hat, z. B. Humanmedizin an der Universität X. In Deutschland gibt es mittlerweile ca. 9.000 Studiengänge.

StuPa (Studentenparlament) Das StuPa ist das beschlussfassende Organ der Studierenden einer Hochschule. Das Studentenparlament wird jährlich von allen Studierenden gewählt. Seine Aufgaben sind die jährliche Wahl der Mitglieder des AStA oder eines vergleichbaren Organs, die Verabschiedung des AStA-Haushaltes sowie dessen Kontrolle.

StuPo (Studien-Prüfungsordnung) Amtliches Mitteilungsblatt mit den Vorschriften für den Ablauf des Studiums eines bestimmten Studienfaches.

Studium generale Unter dem „Studium generale" versteht man alle nicht-obligatorischen, öffentlichen Lehrveranstaltungen einer Universität. Im Sinne des humanistischen Bildungserbes verkörpern sie also den Allgemeinbildungsauftrag der Universitäten. Außerdem bezeichnet der Begriff Studienphasen, in denen Studenten Veranstaltungen besuchen, die nicht zu ihrem Fach gehören, um interdisziplinär und vernetzt denken zu lernen und um das wissenschaftliche Arbeiten an der Universität zu fördern.

SWS (Semesterwochenstunde) Dauer einer Veranstaltung an der Hochschule: Eine Semesterwochenstunde beträgt 45 Minuten. Eine 1,5-stündige Vorlesung umfasst somit 2 SWS ab. Um zum Hauptstudium und zum Examen zugelassen zu werden, muss eine bestimmte Anzahl von Semesterwochenstunden nachgewiesen werden.

VV (Vorlesungsverzeichnis) Nach Fakultäten gegliederte Auflistung aller Veranstaltungen der jeweiligen Hochschule. Die Kommentierten Vorlesungsverzeichnisse (KVV) der einzelnen Fächer oder Institute sind in der Regel aktueller und ausführlicher → siehe KVV.

Wartesemester Wartesemester fallen automatisch und ohne jedes Zutun ab dem Tag an, an dem man das Abiturzeugnis erhalten hat. Danach zählt jedes volle Semester (Sommersemester: 1. April – 30. September; Wintersemester 1. Oktober – 31. März) als Wartesemester, in dem man nicht an einer deutschen Hochschule immatrikuliert ist.

Sachregister

Abiturdurchschnittsnote 22, 123, 138, 140, 143
Agrarwissenschaften 102
Allgemeine Hochschulreife (Abitur) 21
Anglistik 93
Architektur 98
Auslandsaufenthalte 57
Auslandssemester 124
Auslandsstudium 57, 144
Auswahlverfahren der Hochschulen (AdH) 137, 140

Bachelor 59, 61
BAföG 72, 73, 77
Bauingenieurwesen 98
Berufsaussichten 65, 83, 85, 87, 91, 93, 96, 98, 101, 103, 105, 125
Bildhauerei 95
Bildungskredit 74, 77
Biochemie 100
Biologie 100, 105
BWL 86

Chemie 100, 105
Chemieingenieurwesen 98

Design 94, 95
Diplom 63
Duale Hochschulen (Berufsakademien) 53
Duales Studium 76, 78

ECTS-Punkte 58
Elektrotechnik 98
ERASMUS 57
Ernährungswissenschaften 102
Erziehungswissenschaften 83, 84

Ethnologie 93
European Credit Transfer System (ECTS) 60

Fachgebundene Hochschulreife 21
Fachhochschulreife 21
Fähigkeiten 27
Fertigungsingenieurwesen 98
Film 95
Forstwirtschaften 102
Fotografie 95

Gartenbauwissenschaft 102
Gehalt 40, 124
Geologie 100
Germanistik 93
Gesang 95
Geschichte 93
Gesellschaftswissenschaften 89, 90
Getränketechnologie 102
Goldschmiedekunst 95
Grafikdesign 95

Hauptverfahren 138
Hochschulen/Universities of applied Science (Fachhochschulen) 53
Hochschulstart 104, 136
Hochschulzugangsberechtigung (HZB) 21, 123
Holzwirtschaft 102
HZB → siehe Hochschulzugangsberechtigung

Industriedesign 95
Informatik 98
Ingenieurwissenschaften 97
Intellektuell-forschende Orientierung 33, 34, 88, 90, 94, 99, 101, 106

Interessen 31
Internetrecherche 121, 126

Japanologie 93

Karriere 43
Kindergeld 73, 77
Kombibachelor 61
Komposition 95
Konventionell-traditionelle
    Orientierung 33, 36, 88, 90,
    99, 101
Kreative Orientierung 94
Kulturwissenschaften 92–94
Kunst 94
Künstlerisch-sprachliche
    Orientierung 33, 35, 85,
    96

Landschaftsarchitektur 102
Lebenshaltungskosten 70, 76
Lebensmitteltechnologie 102
Lebensstandard 40
Lehramt 81, 82
Leistungsbereitschaft 124
Literaturwissenschaften 92, 94
Losverfahren 139, 144

Magister 63
Malerei 95
Maschinenbau 98
Master 59, 62
Masterabschlüsse
– konsekutive 62
– nicht konsekutive 62
Mathematik 99, 100
Medizin 104, 106
Meteorologie 100
Miete 68, 70
Modedesign 95
Module 60

Monobachelor 61
Musik 94
Musikwissenschaften 93

Nachrückverfahren 139
Naturwissenschaften 99, 102
Numerus Clausus 123, 135, 140,
    141

Ozeanografie 100

Pädagogik 81, 83, 84
Philosophie 93
Physik 100, 105
Politologie 89
Praktisch-technische Orientierung
    33, 96, 99, 101, 106
Psychologie 83, 84
Publizistik 93

Quereinstieg 144

Rankings 55
Rechtswissenschaften 89
Regie 95
RIASEC-Modell 32
Romanistik 93

Schauspiel 95
Skandinavistik 93
Slawistik 93
Sozialarbeit 84
Soziale Orientierung 33, 35, 82, 85,
    90, 94, 106
Sozialpädagogik 84
Soziologie 89
Sprachwissenschaften 92, 94
Staatsexamen 63, 90
Stipendien 74, 78
Studentenstädte 50, 51
studentische Hilfskraft 72

Studienabbruch 15, 81, 87, 91, 93, 96, 99, 101
Studienfinanzierung 67, 71, 72
Studiengebühren 67, 68
Studienkredite 74, 77
Studienort 124
Studienplatzklage 145
Summer Universities 57

Tanz 95
Textilgestaltung 95
Tonmeister 95

Universitäten 52
Unternehmerische Orientierung 33, 36, 85, 88, 90, 96, 99

Verfahrenstechnik 98
Videokunst 95
VWL 86

Wartesemester 23, 140, 143
Wartezeit 124, 137, 138
Weinbau 102
Werkstudent(in) 72
Wirtschaftsingenieurwesen 98
Wirtschaftswissenschaften 86, 88

Zulassungsbeschränkte Studiengänge 22, 135, 136
Zulassungsfreie Studiengänge 135, 136
ZVS 104, 136

Buchtipps

ITB Consulting (Hrsg.)
Test für medizinische Studiengänge I
Originalversion I des TMS

5., aktualisierte Auflage 2008, 111 Seiten,
€ 12,95 / CHF 18,90 · ISBN 978-3-8017-2168-8

Originalversion II des TMS

5., aktualisierte Auflage 2008, 117 Seiten,
€ 12,95 / CHF 18,90 · ISBN 978-3-8017-2169-5

Eberhardt Hofmann
Verhaltens- und Kommunikationsstile
Erkennen und optimieren

2011, 214 Seiten, Kleinformat,
€ 19,95 / CHF 29,90
ISBN 978-3-8017-2346-0
E-Book € 16,99 / CHF 24,99

Eberhardt Hofmann · Monika Löhle
Erfolgreich Lernen
Effiziente Lern- und Arbeitsstrategien für Schule, Studium und Beruf

2., neu ausgestattete Auflage 2012,
232 Seiten, € 24,95 / CHF 35,50
ISBN 978-3-8017-2470-2
E-Book € 21,99 / CHF 29,99

Buchtipps

John P. Forsyth · Georg H. Eifert

Mit Ängsten und Sorgen erfolgreich umgehen

Ein Ratgeber für den achtsamen Weg in ein erfülltes Leben mit Hilfe von ACT

2010, 245 Seiten, Kleinformat, inkl. CD-ROM, € 24,95 / CHF 42,–
■ ISBN 978-3-8017-2249-4

Monika Löhle

Lernen lernen

Ein Ratgeber für Schüler

2005, 156 Seiten, Kleinformat, € 14,95 / CHF 26,90
■ ISBN 978-3-8017-1920-3
⊜ E-Book € 12,99 / CHF 17,99

Martin Schuster

Für Prüfungen lernen

Strategien zur optimalen Prüfungsvorbereitung

2001, 126 Seiten, Kleinformat, € 15,95 / CHF 26,80
■ ISBN 978-3-8017-1429-1
⊜ E-Book € 13,99 / CHF 19,99